DANIEL GRAY
SEITE AN SEITE

50 LIEBESERKLÄRUNGEN
AN DAS LESEN

Aus dem Englischen von
Georg Deggerich

KAMPA

Die englische Originalausgabe erschien 2017 unter dem Titel
Scribbles in the Margins. 50 Eternal Delights of Books
im Verlag Bloomsbury, London.

Für den Blick hinter die Verlagskulissen:
www.kampaverlag.ch/newsletter

KAMPA POCKET
DIE ERSTE KLIMANEUTRALE TASCHENBUCHREIHE
Gedruckt auf säurefreiem und chlorfrei gebleichtem Papier
zur Unterstützung verantwortungsvoller Waldnutzung,
zertifiziert durch das Forest Stewardship Council. Der
Umschlag enthält kein Plastik. Kampa Pockets werden
klimaneutral gedruckt, kampaverlag.ch/nachhaltig informiert über das unterstützte CO_2-Kompensationsprojekt.

Veröffentlicht im Oktober 2024 als Kampa Pocket
Copyright © 2017 by Daniel Gray
This translation of *Scribbles in the Margins.*
50 Eternal Delights of Books is published by Kampa Verlag
by arrangement with Bloomsbury Publishing PLC.
Für die deutschsprachige Ausgabe
Copyright © 2021 by Kampa Verlag AG, Zürich
Covergestaltung: Lara Flues, Kampa Verlag
Covermotiv: © Spiros Halaris | www.spiroshalaris.com
Satz: Herr K | Jan Kermes
Gesetzt aus der Stempel Garamond LT / 240135
Druck und Bindung: GGP Media GmbH, Pößneck
Auch als E-Book erhältlich
ISBN 978 3 311 15105 0

www.kampaverlag.ch

Für das Mädchen,
das ohne Gutenachtgeschichte
nicht einschläft

Inhalt

Vorwort
Trost in Büchern finden   11

1   Handschriftliche Widmungen
    in alten Büchern   14

2   Bei einer Einladung die Bibliothek
    des Gastgebers inspizieren   17

3   Spontane Lesezeichen   21

4   Im Bett lesen   24

5   Ein neues Buch anfangen   27

6   Wenn Liebende sich finden   30

7   Im Zelt lesen   34

8   Flecken und andere Andenken an
    vergangene Leseabenteuer   37

9   Alte Buchläden   39

10 Noch mehr Neuerwerbungen vor
    seinem Partner verstecken   45

11 Einfach aufgeben   47

12 Einem Kind vorlesen   50

13 Lesereisen an Orte, die man nie
    besuchen wird   53

14 Das Gefühl der Verlassenheit
    am Ende eines Buches   56

15 Randnotizen   59

16 Einen Nachmittag lang in den
    Regalen Ordnung schaffen   62

17 Wenn ein Roman einen zu Tränen rührt   65

18 Buchempfehlungen, bei denen es
    bei uns nicht klick macht   67

19 Wenn eine Verfilmung oder
    Adaption die Sache trifft   70

20 Der Geruch von Büchern,
    alten und neuen   75

21 Dem nächsten Band einer Reihe
    entgegenfiebern   79

22 Sich beim Lesen vor Lachen schütteln   82

23 Büchereien   85

24 Unabhängige Buchhandlungen   89

25 Einen Autor mit umfangreicher
   Backlist entdecken   94

26 Einem Kind beim Lesenlernen
   zuschauen   98

27 Ein Lieblingsbuch wieder lesen   101

28 Wenn es im Kopf klick macht   104

29 Einen Prachtband kaufen,
   der in kein Regal passt   107

30 Widmungen des Autors   110

31 Lesen im Pub   114

32 Der neugierige Blick nach der
   Lektüre anderer Leute   117

33 Büchernarren, die im Chaos ihrer
   Bibliothek ein bestimmtes Buch suchen   120

34 Jemandem von einem Buch
   vorschwärmen   123

35 Druckfrische Bücher   126

36 Die Buchrückseite   128

37 Lesen in öffentlichen Verkehrsmitteln   131

38 In einen Atlas eintauchen   134

39 Doubletten beim Einzug in die
gemeinsame Wohnung   137

40 Bücher verschenken   140

41 Die beruhigende Wirkung
eines Raums voller Bücher   144

42 Mit ungelesenen Büchern angeben   147

43 »Bibliotheken« in Hotels, Pensionen
und Ferienhäusern   150

44 Ein Buch ins Regal zwängen   153

45 Auswahl und Vorfreude auf die
Urlaubslektüre   157

46 Dem Zauber eines Gedichts erliegen   162

47 Sich an ein Buch aus der
Kindheit erinnern   164

48 Sich in einem Wörterbuch verirren   167

49 Das Gefühl, ein Buch sei für
einen ganz persönlich geschrieben   170

50 Ein Buch zu Ende lesen, es zur
Seite legen und darüber nachdenken   173

Danksagung   175

Vorwort
Trost in Büchern finden

Für einen Autor ist es leicht, den vielfältigen Zauber von Büchern zu preisen. Hier allerdings schreibe ich als Leser. Dieses Buch ist der Versuch einer liebevollen Antwort auf die Frage, warum ein Buch so viel mehr ist als bedrucktes Papier und Lesen weit mehr als ein Hobby, ein Zeitvertreib oder die Aneignung von Wissen. Es ist eine Feier der kleinen Glücksmomente, in denen viele von uns schwelgen, selbst wenn wir uns dessen nicht bewusst sind; das genussvolle Stöbern zwischen den Seiten, der Geruch von Buchhandlungen und das Lesen im Bett.

Die Entstehung dieses Buches verdanke ich dem zufälligen Fund eines anderen Buches in einem Pub. In seiner Essaysammlung *Delight* erhebt J. B. Priestley, ein selbsternannter Querulant, sein Glas auf alle guten Dinge in der Welt. So schreibt er sich hinaus aus der Trostlosigkeit des tristen und grauen Großbritanniens der Nachkriegszeit.

In kurzen Texten teilen wir seine Freude am »Einkauf im Tante-Emma-Laden«, »Wie man Staatsdiener erschreckt«, am »Geräusch eines Fußballs«, »Sonntagszeitungen auf dem Land«, »Rauchen in der Badewanne« und 109 weiteren Themen.

Priestley wollte seine Leser daran erinnern, dass es immer einfache Freuden im Leben gibt, wie düster es um uns herum auch aussehen mag. In unserer zynischen, abgestumpften Welt voller verstörender Nachrichten und Internet-Trolle, einer Welt, die um ein Vielfaches schneller und extremer ist als die Priestleys, ist diese Botschaft einmal mehr vonnöten. Viele von uns finden solchen Trost in Büchern.

Die folgenden Texte sind Liebeserklärungen an das Buch als physisches, beinahe lebendiges Objekt und die mit ihm verbundenen Rituale. Sie zeigen, was Bücher und Lesen für den Einzelnen bedeuten und was wir daran schätzen, von den leuchtenden Farben der Geschichten aus unserer Kindheit zum leisen Trost, den wir als Erwachsene in stürmischen Zeiten in Büchern finden. Bücher sind Notausgänge, die allen offenstehen, und hier soll daran erinnert werden, auf welche Weise und warum.

Der lange prophezeite schleichende Tod des

Buches scheint ferner denn je und dies der rechte Moment, sich der zahlreichen, manchmal unscheinbaren Weisen zu erfreuen, auf die Bücher uns glücklich machen. Darüber hinaus verdient das Buch ein ungeteiltes Lob, was dieser kleine Band hoffentlich leistet; Bücher stehen nach wie vor im Zentrum von Gesellschaft, Erziehung und Kultur. Sie sind widerstandsfähig und befinden sich manchmal dort, wo technologischer Wandel stattfindet – E-Books sind eine geniale Erfindung und bieten viele ganz eigene Freuden – und wo soziale Trends ihren Anfang nehmen. Und sie helfen aus so mancher Verlegenheit in Fragen des Weihnachtsgeschenks.

Bücher sind heute greifbarer – und damit demokratischer – als jemals zuvor. Vor diesem Hintergrund mögen die folgenden privaten Schwelgereien allgemeine Erfahrungen ansprechen, die Sträfling und Richter, Büchereinarren und Besitzer einer eigenen Bibliothek gleichermaßen teilen. Man lese sie, denke über seine eigenen Erfahrungen nach, und vertiefe sich in das nächste Buch …

I

Handschriftliche Widmungen in alten Büchern

Für meinen geliebten Ehemann. 16. August 1936.« »In Liebe, Betty, Xmas '49.« »Für Sarah, möge es dich begleiten. In Liebe, Mum und Ron.« Alle diese Widmungen befinden sich in der oberen linken Ecke der Umschlaginnenseite. Es scheint beinahe so, als wüssten die Wörter, dass sie dort nicht hingehören, und als versuchten sie, sich von der Seite zu stehlen. Die Handschrift ist stets geschwungen – das Wort »Ehemann« wie mit einer Luftschlange gelegt; »Xmas« wie der Kondensstreifen eines Kunstfliegers –, und die Tinte ist kohlschwarz oder blassblau.

Die Botschaften sind feierlich und liebevoll, obwohl häufig in der schlichten und reservierten Sprache ihrer Zeit. Manchmal spürt man, wie Tinte und Feder den nicht zu Herzergießungen neigenden Schenkenden beflügelt haben: »Für meinen geliebten Thomas zum Geburtstag, dein

Vater.« Es gibt auch Insiderwitze, die wir nie verstehen werden, und flüchtige Schatten individueller Biographien.

Das Rätsel hinter solchen Widmungen macht einen bedeutenden Teil ihres Reizes aus. Wir reisen zurück zu dem Zeitpunkt, an dem dieses Buch ausgewählt und verschenkt wurde, eine eigene Geschichte neben der des Buches, nur werden wir nie ihr Ende erfahren. Hat Thomas sich über das Buch gefreut? Hat der geliebte Ehemann seines überhaupt gelesen? Hat es Sarah begleitet, und an welchen Ort? Viele sind mit einem genauen Datum versehen, sodass wir sie ihrer jeweiligen Epoche zuordnen können – jede Widmung an einen Sohn zwischen 1900 und 1914 ist besonders ergreifend –, aber dennoch können wir nur rätseln, was danach passierte. Gefiel den Empfängern das Buch, und haben sie es an Freunde weiterverliehen? Wie viele andere Leser hat es glücklich gemacht? Handelte es sich vielleicht nicht um das gewünschte Buch, voller Ungeduld am Weihnachtstag ausgepackt und mit vermeintlicher Begeisterung in den Händen gehalten? Wie ist es im Antiquariat oder im Warenlager eines Onlinehändlers gelandet? Hat sein Besitzer es bis zu seinem Tod und der Haushaltsauflösung geschätzt?

Oder wurde es über die Jahre weitergereicht, wie ein Straßenmusikant ohne festen Wohnsitz?

Diese Zeitmaschinen aus Papier trösten uns, zeigen uns, dass ein Buch ein eigenes Leben besitzt und wir nun daran teilhaben. Sie fügen beim Kauf eines alten Buches ein weiteres Element des Genusses hinzu und schaffen eine zeitlose Verbindung zwischen dir und einem längst verstorbenen Leser. Ihr beide teilt nun ein nie zu lüftendes Geheimnis. Eure Leben mögen gänzlich getrennten Welten angehören und sind doch durch die gleiche Tinte und den gleichen Schriftzug miteinander verbunden.

Wenn man das nächste Mal ein Buch verschenkt, nehme man sich die Zeit für eine kurze Widmung an den Empfänger. Denn es ist auch ein Gruß an jemanden, der noch gar nicht geboren ist.

2

Bei einer Einladung
die Bibliothek des Gastgebers
inspizieren

In den Häusern, die ich als Kind besuchte, gab es sehr wenige Bücher. In den meisten, darunter auch in meinem Elternhaus, gab es ein oder zwei Regalböden mit Büchern, gewöhnlich in einem Esszimmerschrank hinter Glas, als seien sie nicht zum Lesen, sondern bloß zum Anschauen da. In beliebiger Reihenfolge befanden sich darunter ein einbändiges Lexikon, eine Bibel, ein Wörterbuch, mehrere Romane von Jilly Cooper, ein paar Fotobände zum Zweiten Weltkrieg, eine Geschenkkassette noch ungelesener Bücher mit Pappeinband, Titel über Diäten, wie man eine Midlifecrisis überwindet und kurzlebige Hobbys, ein müder Atlas und ein großformatiges Jahrbuch zu einer Fernsehserie der BBC.

Die Menschen, denen diese Regale gehörten – meine Eltern und die Freunde meiner Eltern –, waren kurz nach dem Zweiten Weltkrieg geboren. Damals kaufte man keine Bücher, sondern man lieh sie sich aus. Leihbüchereien waren notwendige und nützliche Einrichtungen, während das Wohnzimmer für Porzellanfiguren und den Fernseher da war, nicht zum Angeben. Vielleicht ist das der Grund, warum ich als Erwachsener auf überbordende Regale und das Sammeln von Büchern fixiert bin – zu Hause hatten wir keine Bücherregale, heute füllen sie zwei ganze Räume. Für meine verhätschelte Generation sind sie in etwa das, was Toiletten im Haus für frühere Generationen waren. Vielleicht bin ich aber auch bloß ein neugieriger Mensch.

Ich weiß, dass ich nicht allein bin und dass genau in diesem Moment Menschen vor fremden Bücherregalen stehen und einen besseren Einblick in das Wesen ihres Besitzers bekommen, als dies durch ein Gespräch möglich wäre. Diese Regale sind wie eine Biographie, denn die Titel, so sehr man sich auch dagegen sträubt, verraten viel über ihren Eigentümer. Das ist weder besonders unfair noch unheimlich: Welch besseren Weg kann es geben, um festzustellen, ob eine neue Liebelei es wert ist, sich mit ihm einzulassen, oder um ein Thema für das Gespräch mit seinem Gastgeber zu finden? Vielleicht möchte der Gastgeber sogar, dass man seine Regale näher in Augenschein nimmt – eine Bibliothek kann eine demonstrative Zurschaustellung von Intelligenz und Weltläufigkeit sein.

Wer ein Haus oder eine Wohnung betritt, wünscht sich, einige Zeit allein vor dem Bücherregal verbringen zu können. Das Angebot eines Drinks, besonders dann, wenn seine Zubereitung einige Zeit dauert, ist ein willkommener Anlass, sich genauer umzusehen. Sollte der Gastgeber selbst am Herd stehen, bleibt alle Zeit der Welt zum Stöbern. Bis er oder sie sich an den Abwasch macht, ist ein umfassendes Charakterbild erstellt.

Man überfliegt die Regale und lässt wie eine Katze in einem Fish-&-Chips-Imbiss die Masse der Bücher auf sich wirken, zieht in rascher Folge zwei oder drei Titel aus dem Regal. Vielleicht wird man grün vor Neid oder seufzt sehnsüchtig angesichts einer beinahe vollständig nach dem Alphabet sortierten Bibliothek oder einer üppigen Sammlung orangefarbener Penguin-Classics-Ausgaben. Besitzt man mindestens ein halbes Dutzend Titel selbst, stehen die Vorzeichen für Freundschaft oder mehr gut.

Der Gastgeber findet einen bei seiner Rückkehr mit strahlendem Gesicht vor, weil man ein vertrautes Buch entdeckt hat. Das ist die wahre Freude, nicht das Herumstöbern und die Suche nach Charaktermerkmalen. Man hat einen Mitreisenden gefunden, und es gibt eine Vielzahl von Welten, die man gemeinsam besuchen kann, ohne auch nur vom Sofa aufstehen zu müssen. Und das Beste ist, am Ende des Abends wird einem der neue Freund zum Abschied vielleicht ein oder zwei Bücher ausleihen wollen, von denen er sicher ist, dass sie einem gefallen werden. Sollten sie je zurückgegeben werden – »Wer ein Buch verleiht, ist ein Narr, und wer es zurückgibt, ein noch größerer« lautet ein arabisches Sprichwort –, dann vermutlich nicht so bald. Und wenn doch, ist die Freude ihres Besitzers umso größer.

3

Spontane Lesezeichen

Lesen ist erfreulicherweise frei von allem Klimbim. Es ist eine einfache Beschäftigung, für die man keine Ausrüstung oder Hilfsmittel braucht, nur ein Buch und etwas gestohlene Zeit. Selbst das einzige gewöhnliche Zubehör – das Lesezeichen – ist verzichtbar.

Lesezeichen sind die fehlenden Socken der Literatur, die ständig auf unerklärliche Weise verloren gehen. Mir sind sie alle abhandengekommen: Lesezeichen mit Quasten, Lesezeichen mit Perlenbändchen, Lesezeichen mit Shakespeare-Zitaten, Lesezeichen mit aufgedruckter Zeitleiste, Lesezeichen aus Stoff, Leder und sogar ein kunstvoll bemaltes aus Holz. Mit den unzähligen Lesezeichen aus Buchhandlungen, die ich verlegt habe, könnte man eine ganze Kathedrale pflastern.

Glücklicherweise macht es großen Spaß, jeden nur erdenklichen flachen Gegenstand spontan als Lesezeichen zu benutzen. Zugfahrscheine zum

Beispiel sind großartige Lesezeichen, genau wie die Werbebeilagen aus Zeitungen, Speisekarten vom Schnellimbiss, Geburtstagskarten am Geschenkpapier und sogar Strom- oder Gasrechnungen. Es gibt auch die Möglichkeit, die Seite mit einem Eselsohr zu markieren, indem man sie an der Ecke umknickt, sodass es aussieht wie ein halbes Sandwich aus der Puppenküche. Dies jedoch verletzt ein ungeschriebenes ehernes Gesetz, ein Buch nicht zu beschädigen, man lässt es auch nicht aufgeschlagen und umgedreht auf dem Nachttisch liegen, weil das dem Buchrücken schadet und unter Umständen Seiten knicken. Einige von uns finden das aber auch akzeptabel und sogar reizend, wie einen persönlichen Fußabdruck oder den Strich, mit dem man die Größe eines Kindes im Türrahmen markiert, und der nie weggewischt werden darf.

Alles das entspringt der Furcht, die entsprechende Stelle im Buch zu verlieren, wenn man weiterlesen möchte. Ebenso soll es verhindern, eine Seite oder einen Abschnitt noch mal zu lesen, wo es so viele andere Bücher auf der Welt gibt, die als Nächstes gelesen werden möchten (bedauerlicherweise macht auch die Lektüre unter Alkoholeinfluss ein Zurückblättern am nächsten

Tag unumgänglich). Natürlich kann man versuchen, sich die jeweilige Seitenzahl zu merken. Es hat einen Moment von Spannung, sich die Zahl zu merken und dann festzustellen, dass man tatsächlich richtig liegt. Vielleicht ist es sogar Anlass für eine kleine Feier. Den strengen Prozess der Lektüre dem Zufall zu überlassen, erinnert daran, dass der Leser das Kommando führt. Ungeachtet des Regiments der Seitenzahlen, wird das Buch durch die Launen und Unstetigkeit seines Lesers zu etwas Flüchtigem und selig Vergänglichem. Zufallslesezeichen sind wie Sandburgen auf der Autobahn.

4

Im Bett lesen

Nehmen wir an, es sei einer dieser ganz und gar verfahrenen Tage: undichte Schuhe, die geschmierten Brote zu Hause vergessen, verstopfte Straßen und eine endlose Besprechung am Nachmittag. Eine Besprechung, die einen in eine existentielle Krise stürzt oder in der man still vor sich hindämmert, und deren einziger Trost darin besteht, Strichmännchen zu zeichnen oder Beispiele für den unsäglichen Wirtschaftsjargon aus dem Mund des Vorgesetzten zu notieren. Auf dem Heimweg den Zug verpasst, das gesuchte Produkt im Supermarkt ausverkauft, Kinder, die nicht einschlafen wollen, Streit mit dem Partner und zuletzt noch ein defekter Warmwasserboiler. Und dennoch naht mit jeder Sekunde die Rettung.

Den ganzen Tag über und während der abendlichen Strapazen begleitet dich das Versprechen einer nächtlichen Zufluchtsstätte. Du, dein Bett und ein Buch: ein himmlisches Refugium. Und dies gleich in doppeltem Sinne – einmal unter der Bettdecke vor der Welt verborgen; und zum zweiten zwischen den Buchdeckeln in eine neue eintretend. Sobald du zu lesen beginnst, wirst du in eine andere Welt versetzt, selbst wenn du daheim im Bett liegst. Du verabschiedest dich vom Tag und tauchst in ein anders Universum ein. Natürlich sollte das bei jedem Buch so sein, aber in dieser Situation wird alles durch die tiefe Stille vor Mitternacht noch intensiver. Der gleichmäßige Atem deiner Partnerin und der Kinder neben dir stören genauso wenig wie der Regen, der ans Fenster klopft, oder das Heulen des Winds. Wenn überhaupt, verstärken diese behaglichen Geräusche noch den Reiz der nächtlichen Lektüre. Die Tür ist geschlossen, das Tagewerk vollbracht, das Buch aufgeschlagen, und die einzige Welt, die jetzt zählt, ist erwacht.

Im Schein der Nachttischlampe liest du die erste Seite sitzend und die zweite im Liegen. Du seufzt und machst allerlei Verrenkungen, um die ideale Position zu finden, und dein Partner beschwert sich, weil dein Lachen und Schnauben ihn geweckt hat, aber alles das gehört unverzichtbar zum Lesen im Bett. Keine Sekunde lang denkst du an undichte Schuhe oder einen defekten Boiler, und selbst einen unangenehmen kommenden Tag kannst du erfolgreich verdrängen. Die Zeit eilt voran – Mitternacht kommt, und du überlegst, wie viele Stunden Schlaf du brauchst. Noch ein Abschnitt, noch das nächste Kapitel, die Rückkehr in die Realität muss noch etwas warten, selbst wenn deine Lider mit jedem Wort schwerer werden. Das Buch ist zu einer Stimme geworden, die dir, und nur dir allein, zuflüstert. Noch einmal erlebst du das Hochgefühl der Kindheit, im Schein der Taschenlampe unter der Bettdecke zu lesen. Der heutige Tag ist vorüber, der morgige aufgeschoben, und die nächtliche Lektüre hat dich vorübergehend in eine Welt entführt, die dir ganz allein gehört.

5

Ein neues Buch anfangen

Neue Bücher finden auf einer Vielzahl von Wegen zu uns. Der wahrscheinlichste ist das Stöbern in einer Buchhandlung. Wir stehen im Geschäft und lesen den Klappentext, fahren mit dem Finger über geprägte Titel, wiegen das Buch in Händen und betrachten es als einen sinnlichen Gegenstand. Wir können über Buchrücken streichen, Bücher aufschlagen und mit der Hand über die Seiten fahren und – wenn niemand hinschaut – ihren Duft einatmen. Wenn alles passt, nehmen wir das Buch mit entschiedenem Griff in unseren Besitz. Die Chancen stehen gut, dass bald noch weitere hinzukommen, denn unsere Augen sind größer als der Platz auf unserem Nachttisch.

Vielleicht stammt ein neues Buch auch aus einer Bücherei oder aus der Hand eines Freundes, der darauf besteht, dass es uns gefallen wird. Auf dem Nachhauseweg beschäftigen wir uns noch einmal mit dem Klappentext und anderen wertvollen Hinweisen – einer Pressestimme und dem Kurztext zum Autor, der vorangestellten Widmung oder den Angaben zur Schrifttype.

Und dann ist da das himmlische Geräusch, wenn eine Onlinebestellung durch den Briefkastenschlitz plumpst oder das köstliche Kratzen, wenn man nach Hause kommt und mit der Haustür das Päckchen über den Boden schiebt. Ein Onlinekauf ermöglicht nicht die genaue Prüfung wie in einer Buchhandlung, aber das Wagnis wird durch das fieberhafte Öffnen des Päckchens wettgemacht. Wir sind Charlie Bucket, der einen Schokoriegel von Willy Wonka auspackt, und jedes Mal ist es ein Gefühl, als hätte man ein Glückslos gezogen.

Auf welche Weise auch immer ein Buch zu uns gefunden hat, es ist ein Versprechen für eine zukünftige Flucht. Wir halten aufgeschobenes Kichern und Schluchzen, Schreie des Entsetzens und der Freude in den Händen und blättern durch Seiten, zwischen denen wir uns schon bald verlieren werden. Vor jeder Lektüre spüren wir eine große Verheißung. Das Erlebnis dieses Buches wird uns, wenn wir die richtige Wahl getroffen haben, bereichern und uns das Gefühl geben zu *leben*. Es entreißt uns des täglichen Einerleis und stößt uns in fremdes und unsicheres Terrain oder entführt uns in sepiagetönte Zeiten. Noch wissen wir nicht, wohin die Reise geht, wie wir dorthin gelangen und ob uns der Ausflug überhaupt gefallen wird. Während der ersten Seiten eines bedächtig erzählten Romans beschleicht uns die Furcht, dies sei kein Buch für uns. Dann durchzuhalten und festzustellen, dass die Geschichte langsam Fahrt aufnimmt und einen bei Seite 100 gepackt hat, ist ein ganz eigenes Vergnügen.

Oft bedeutet ein neues Buch anzufangen nicht, ein anderes zu beenden. Das ist keine Schande. Tatsächlich unterstreicht es nur, wie großartig es ist, ein neues Buch zu beginnen, so großartig, dass wir dafür gerne einen anderen Titel links liegen lassen. Es ist beinahe unmöglich, uns selbst zurückzuhalten: Das Buch liegt aufgeschlagen da, und wir sind darin verschwunden, einmal mehr im Bann einer neuen Geschichte. Es ist eine vertraute und zugleich ganz neue Euphorie des Aufbruchs zu einer weiteren Reise.

6

Wenn Liebende
sich finden

Bücher scheinen uns zu besseren Menschen zu machen, als wir es vielleicht in Wirklichkeit sind. Ein Fremder, der uns unterwegs den *Ulysses* lesen sieht, mag uns für intelligent und weltläufig halten; in Wahrheit kämpfen wir uns bereits zum fünften Mal durch den Satz auf Seite 17. Beim Lesen besitzen wir eine Großzügigkeit des Empfindens, die uns im Umgang mit der realen Welt häufig abgeht. Wir sind zu authentischer nachempfundener Freude fähig: Das Glück, das wir für die Figuren in einem Buch empfinden, ist genauso echt wie die Trauer im Angesicht einer Katastrophe. Nichts zeigt dies deutlicher als das Gefühl des Lesers, wenn zwei Herzen im Buch zueinanderfinden.

Dieser selige Moment kann sich auf verschiedene Weise vollziehen. Er kann sich im Gespräch ergeben, wenn zwei Weggefährten endlich den zahllosen verstreuten Hinweisen und Anspielungen folgen, die sie über die Hälfte des Buches begleitet haben – »Ich glaube, ich habe mich ein bisschen in dich verliebt« und »Ich dachte, du würdest es niemals sagen«. Das andere Extrem sind stürmische romantische Vereinigungen, jene leicht unwahrscheinlichen Ausbrüche und Bekenntnisse des Herzens, die lange Reden, Mondlicht und feurige Küsse beinhalten. Die meisten von uns werden ein solches Schauspiel im Moment der Zusammenkunft zweier Menschen niemals erleben, und doch spüren wir bei der Lektüre selten Eifersucht.

Die schönste Art jedoch, unser Herz heftiger schlagen zu lassen, ist es, wenn die zwei sich nach einem langen, sehnsuchtsvollen Werben finden und der Junge dreihundert Zugfahrten hindurch schmachten muss, bis das Mädchen endlich den Kopf zur Seite dreht und ihm leise zulächelt. Oder wenn die beiden, von denen wir *wissen*, dass sie zusammengehören, unsere Gefühle zu ignorieren scheinen und in dem Moment, da die Liebe ihnen über die Schulter blickt, sich streiten und alles vermasseln. Beide fallen in die Arme eines Falschen. Dann ändert sich plötzlich etwas, die Wahrheit flammt auf, und der Himmel öffnet sich.

Innerlich jubeln wir, zum Teil über unsere eigene Weitsicht: wussten wir doch von Anfang an, dass die beiden zusammengehörten. Wir haben dafür gesorgt, dass es so kommt. Die Figuren eines Buches bestimmen ihr Schicksal nicht selbst. Ein Autor schreibt es für uns. Schuldbewusst müssen wir gestehen, dass uns die Verbindung von Leuten im tatsächlichen Leben mit weniger Begeisterung erfüllt.

Vor allem jedoch löst die Vereinigung der Liebenden, selbst wenn dies auf eine Weise geschieht, die nur in Büchern oder auf der Leinwand möglich ist, elektrisierende Gefühle in uns aus, die wir zuletzt vor vielen Jahren erlebt haben. Sie versetzt uns zurück in die Zeit der ersten flüchtigen Küsse und des vor lauter Nervosität flauen Magens, der Blumensträuße und des Wartens vor dem Kino, der stundenlangen Anrufe spät am Abend und der Unfähigkeit, an irgendetwas anderes als an die Person zu denken, die uns Herz und Verstand gestohlen hatte. Sie erinnert uns daran, wie es sich anfühlt, mit seiner Hand zum ersten Mal die des andern zu fassen und zu spüren, dass sie passt, vom Duft seines Halses eine Gänsehaut zu bekommen und rein gar nichts von dem Menschen zu wissen, in dessen Leben man eintritt und dessen Geschichte neu und unbekannt ist. Der Leser ist ein wohlwollender Voyeur, voller Wehmut und Mitgefühl.

7

Im Zelt lesen

Das letzte Mal liegt vielleicht schon viele Jahre zurück, und man hat seither nur noch unter festen Dächern gelesen. Aber in einem Zelt zu lesen ist etwas, das sich neu zu entdecken lohnt, selbst wenn man sein Zelt im eigenen Garten aufschlägt – die neugierigen Blicke der Nachbarn hinter dem Vorhang verstärken das Gefühl, etwas leicht Anrüchiges zu tun.

Wie um die Erwartungen flach zu halten, ist das Lesen im Zelt mit allerlei umständlichen Vorbereitungen verbunden. Das Knistern des Zeltstoffs und Surren der Reißverschlüsse liefern die angemessene Avantgarde-Musik für dieses ungelenke Manöver. Zuerst muss man sich krampfhaft im Vorzelt umdrehen und den äußeren Reißverschluss fest zuziehen. Anschließend krabbelt man über herumliegende Schuhe und eine oder mehrere Müslischalen in den Schlafbereich, gefolgt von einer weiteren ungelenken Drehung und dem erneuten Kampf mit dem Reißverschluss. Hat man sich dann in den Schlafsack gezwängt, ohne sich dabei ein Knie ins Gesicht zu stoßen oder ein Familienmitglied zu Tode zu quetschen, ist es endlich soweit – unter dem Kopfkissen liegt wie zur Belohnung das Buch.

Während du den Reißverschluss des Schlafsacks zuziehst und das Buch in die Hand nimmst, entsteht knisternd eine neue Atmosphäre. Sie senkt sich wie ein dünner Vorhang zwischen dich und die Welt, als ob die Mondnacht dir einen ganz eigenen Raum gewährte. Die Nacht gehört dir und deinem Buch. Nur euch beiden. Und du liest im Freien. Nicht nur die Lektüre besitzt einen eigenen Schauplatz, sondern du ebenso.

Geräusche dringen von außen zu dir, willkommener Ballast in deiner Abgeschiedenheit: das wilde Fauchen kämpfender Katzen; ein einsamer Wagen, der Partygäste nach Hause bringt; eine entfernt zuschlagende Tür, als würde der Iron Man in die Hände klatschen. Jeder Eindruck wird verstärkt. Die Art der Lektüre kann dies noch unterstützen: ein Roman über einen Schiffbruch oder das Leben auf dem Land, oder die Autobiographie eines getriebenen Musikers (allerdings nicht unbedingt die Geschichte eines Wahnsinnigen, der seine Opfer mit Spannseilen stranguliert). Wenn der Himmel dazu noch Regentropfen auf dein Zelt niedergehen lässt, ist alles perfekt. Das trippelnde Geräusch ist himmlisch. Nirgends könntest du dich geborgener und zufriedener fühlen. Du, dein Buch und der leise Regen auf der Zeltplane. Jeder Tropfen klopft aufs Dach und fließt in Slalomlinien herab, während deine Augen auf der Seite hin und her wandern. Welch eine jubilierende Einsamkeit.

Das Licht der Taschenlampe wird schwächer, genau wie deine Augen. Das Abenteuer ist vorbei, und du sinkst zur Erde zurück. Der Schlaf überkommt dich. Am Morgen, früher und strahlender als jeder andere, wachst du auf und findest dein Buch in ein Nylonnetz gestopft vor, die Kanten gewellt. Es sieht mitgenommen aus, als hätte es sich, während du schliefst, in einem Nachtclub herumgetrieben. Jetzt musst du dich aus deinem Kokon schälen und dich dem Tag stellen, mit einem Auge zur Sonne schielend und mit dem anderen auf die Uhr. Doch schon in wenigen Stunden, wenn das Tageslicht schwindet, kann das himmlische Vergnügen erneut beginnen.

8

Flecken und andere Andenken an vergangene Leseabenteuer

Vielleicht ist es eine unterbewusste Art, sein Revier zu markieren. Die hinterlassenen Flecken sind oft zufällig, und dennoch bezeugen sie unmissverständlich den Besitzanspruch seines Lesers. Wenn dieses Buch einem Jahre später in die Hände fällt, erinnern einen diese unbeabsichtigten Male an die Umgebung und die Zeit, in der man es gelesen hat.

Ein Sonnencremefleck auf Seite 27 eines Romans: Ach, jene schäbige Bar an einem Platz in Katalonien, wo die Kellnerin schöner war als die Erde vom Weltraum aus gesehen, wo der Wein billig war und noch billiger schmeckte und wo die Nachmittage dazu gemacht schienen, mit müden, zufriedenen Augen zu lesen. Ein Tropfen Tee auf Seite 83 einer Biographie: Ach, jene Zugreise, die sich anfühlte, als müsste man sieben Sonntage auf dem Friedhof verbringen, weil die Oberleitung bei Peterborough defekt war und dieser bullige Kerl mit Ellbogen wie Kolben und Schultern, die breiter waren als die grauen Wolken über der irischen See, dich in deinen Sitz zwängte und nur dieses Buch zwischen dir und dem Verbrechen stand. Nicht alle diese Erinnerungsmale sind so zufällig. Versteckt zwischen den Seiten eines Buchs finden sich Quittungen, Bankbelege, Zugfahrkarten und Visitenkarten von Restaurants. Vielleicht dienten sie als Lesezeichen, vielleicht waren es Souvenirs. Wie auch immer, ein Buch versetzt uns bei der Lektüre an einen anderen Ort, und solche Fundsachen wecken plötzliche Erinnerungen und nehmen uns mit auf eine Reise in die Vergangenheit. Für sich genommen, ist ein alter Busfahrschein wertlos. Zwischen den Seiten eines Buches ist er eine Verbindung.

Striemen, Flecken und andere zufällige Hinterlassenschaften bringen ein Buch zu einem zurück und werden zu einem zeitlosen, unbeabsichtigten Tagebucheintrag. Die Seite wird Zeit und Ort. Neben gewellten und angestoßenen Seiten und gewölbten Buchrücken zeigen sie uns, dass ein lädiertes Buch ein geliebtes Buch ist, ein Haus, aus dem ein Zuhause geworden ist.

9

Alte Buchläden

Welch eine Freude, wenn man beim ziellosen Bummeln an einem unbekannten Ort darauf stößt. Von der gegenüberliegenden Straßenseite entdeckt man einen Namen wie *Scrivener's Books and Bookbinding*, *Mr B's Emporium and Reading Delights* oder *The Elliot Bay Book Company* und ein quirliges Schaufenster, eingerahmt von einer dunkelgrün oder weingummirot gestrichenen Fassade. Eine imaginierte Brise trägt einen über die Straße, der freie Wille ist ausgesetzt, Verkehr und andere Ablenkungen sind der Aufmerksamkeit entzogen. Man stößt die Eingangstür auf, eine Glocke ertönt, und man befindet sich in einer Außenstelle des Paradieses.

Nicht immer gibt es eine freundliche Begrüßung. Einige dieser Läden gehören Männern, die zu Höherem berufen sind als reiner Mitmenschlichkeit, nämlich der Liebe zu Büchern. Viele von ihnen haben seit 27 Jahren keinen Blickkontakt mehr mit einem Kunden gehabt. Ihre Körperhaltung hat sich dem angepasst – durchgedrückte Knie und ein krummer Hals, sodass sie von der Seite betrachtet an eine Sichel erinnern. Gebeugt und geduckt trippeln sie durch eine Welt unterhalb der normalen Sichtlinie und gehen gewichtigen Aufgaben nach; oder sie hocken zusammengesunken auf einem Stuhl und setzen Häkchen hinter einer Liste, so ernst und konzentriert wie einst Noah, als er die Tiere für die Arche bestimmte. Dass man für ihn nur am Rande existiert, stört nicht weiter. In dem Reich, in das man eingetreten ist, ist er nur ein Wesen unter Tausenden, und die anderen bitten alle darum, aus der Enge der Regale befreit zu werden.

Für andere Eigentümer wiederum ist das Läuten der Glocke ein süßer Klang, wie die Klingel des Eiswagens oder ein Klavier unter freiem Himmel. Es bedeutet, dass ein neuer Apostel eingetreten ist, dem schon bald die Augen übergehen werden. Diese Besitzer sind niemals aufdringlich und ganz gewiss keine Verkaufsgenies. Es sind Wächter des Buches, die zur Stelle sind, wenn man sie braucht, mit Empfehlungen, die klüger, bunter und ausgefallener sind, als der Algorithmus einer Webseite dies je vermöchte. Sie sind die Besitzer eines herrschaftlichen Landsitzes, die einem das Lustwandeln in ihrem Blumengarten erlauben, solange man möchte.

Alle alten Buchhandlungen teilen die gleichen heiligen Gerüche. So wie Whisky sein Aroma im Fass entwickelt, so reifen Bücher im Regal. Es ist wie Alchemie. Sobald die Türglocke verklungen ist, schlagen einem unmittelbar vertraute Düfte entgegen. Da ist zum einen der Geruch von Feuchtigkeit, aber einer Feuchtigkeit, die Ehrfurcht gebietet, anstatt Grund zur Sorge zu sein, wie in den eigenen vier Wänden. Es ist der Muff fermentierender Wörter. Ein strenger Geruch von Leder hängt in der Luft, hier beinahe an Anis erinnernd, dort eher an Teer. Tabakgeruch kommt und geht, als stöbere ein rauchendes Gespenst in derselben Abteilung wie man selbst. Ein Sammelsurium an Teppichen und Läufern fügt den Duft verbrannter Streichhölzer hinzu. Man riecht die Vergangenheit, atmet den Geruch der Geschichte ein und fühlt sich durch dessen Vertrautheit vollkommen aufgehoben. Man braucht nur ein oder zwei Bücher aufzuschlagen und darin zu blättern, und der Duft bleibt den ganzen Nachmittag an den Fingern haften.

Die Themen, nach denen die Bücher im Geschäft geordnet sind, sind herrlich chaotisch, was bedeutet, dass man sich auf glücklichste Art verlieren kann. Die Abteilung »Sport« befindet sich gleich neben »Flüsse, etc.«; »Klassische Romane von A bis M«, wie in Schönschrift auf einem vergilbten Stück Papier steht, grenzt an »Krieg und Militaria« (obwohl »Militärgeschichte«, wie uns ein etwas neuerer Kartonstreifen informiert, »im Untergeschoss über der Abteilung Moderne Geschichte« zu finden ist). Überall herrschen Pragmatismus und eine Antipathie gegenüber einheitlichem Mobiliar. »Medizin« muss mit »Eisenbahn und Transportwesen« um Aufmerksamkeit ringen, weil beide ideal Platz in der oberen Hälfte einer ehemaligen Anrichte finden. In den Regalen selbst herrscht Ordnung. Das Alphabet triumphiert, was allerdings nicht für die knie-hohen Stapel von Büchern gilt, die horizontal vor vertikalen Buchrücken auf dem Fußboden lagern. Diese werden zu einem späteren Zeitpunkt sortiert – eine Aufgabe für den stummen Besitzer oder eine erfüllende sonntägliche Beschäftigung für die Wächterin des Blumengartens.

Verloren zwischen den Regalen, abgeschnitten von der Gesellschaft mit ihrem Lärm und den Straßen und Räumungsverkäufen, kann man sich ohne Weiteres vorstellen, ganz allein an einem verlassenen Ort zu sein. Auf einen anderen Kunden zu treffen, ist wie ein Schock. Man schenkt sich vielleicht ein verständiges Lächeln, aber die Stille wird nicht gestört. Es ist ein andächtiges Schweigen, als fürchteten beide, die Bücher könnten an einem Laut Anstoß nehmen. Dann lässt man seine Blicke weiter über die Buchrücken schweifen und zieht hier und da ein Buch aus dem Regal, auf dessen erster Seite oben rechts in der Ecke mit Bleistift der Preis steht, nur leicht verblichen seit seiner Eintragung vor zwölf Jahren.

Wirtschaftliche Trends oder neue Verkaufswege und Lesegewohnheiten hätten längst das Aus für diese Wunder bedeuten müssen. Und doch sind die Unbeugsamen von Durham, die Nimmermüden von Rochester und die Standhaften von London unverwüstlich. Hinter den unveränderten Fassaden, wo stets der Kessel kocht oder die Kaffeemaschine brodelt, befinden sich, rein zufällig, winzige anarchistische Republiken. In Durham, Rochester, London und anderswo sind militante Zellen entstanden, Bewahrer einer vielfältigen Welt aus einer Zeit, bevor unsere Umgebung sich immer mehr der unerträglichen Gleichförmigkeit von Flughafenterminals anpasste. Vor allem aber sind alte Buchläden für uns Bibliophile die größte Annäherung daran, uns durch einen Kleiderschrank in eine andere lebendige Welt hineinzulesen.

10

Noch mehr Neuerwerbungen vor seinem Partner verstecken

Ich *brauche* Bücher. Es fühlt sich an, als könnte ich nichts dagegen machen. Ich brauche Regale und Bücherstapel in jedem Zimmer des Hauses. Manche werden unweigerlich zu dem, was die Japaner *tsundoku* nennen – gekaufte, aber nie gelesene Bücher, verdammt zu einem Leben im Regal oder in einem Stapel auf dem Boden –, aber Süchte sind selten logisch.

Ich brauche Bücher, wenn ich Ferien mache. Ich muss ein Buch mitnehmen, wenn ich aus dem Haus gehe, egal, ob ich mit dem Bus in die Stadt oder mit dem Zug quer durchs Land fahre. Ich brauche unterwegs immer ein oder zwei Bücher, und ich muss wissen, was ich als Nächstes lese. Ich brauche ungelesene Bücher auf dem Nacht-schränkchen und geschätzte Bücher in Reichweite, um Dinge nachzulesen oder sie wie ein geliebtes Haustier an mich zu drücken. Rauschgift ist nichts gegen diese Art Sucht. Sie begann in einem Bücherbus und wird mit jedem Jahr extremer.

Bücher sind meine Krücken. Sie stützen mich, machen mich schwindlig vor Glück und unendlich traurig. Nie bin ich weit entfernt von meinem nächsten Einkauf, sei es, wenn ich spätabends nach einigen Gläsern am Computer sitze und der Aufforderung folge, zur Kasse zu gehen, oder wenn ich in einem Second-Hand-Laden ein Buch kaufe, das ich bei seinem Erscheinen vor zehn Jahren nicht brauchte, aber jetzt unbedingt haben muss. »Schon wieder ein neues Buch?«, werde ich gefragt, wenn ich mich wie ein Teenager, der weit nach Mitternacht nach Hause kommt, oder wie ein Einbrecher in einem Cartoon auf Zehenspitzen die Treppe hinaufschleiche. Wie alle Suchtkranken, habe ich meine Ausreden: »Hat nur einen Fünfer gekostet«, »Das einzige Buch, das mir von dem Autor noch fehlte«, »Das habe ich schon als Kind gemocht« oder »Ich habe es John geliehen und nie zurückbekommen«.

Es ist nicht mein Fehler. Ich gebe lediglich ein paar hundert Freunden eine Bleibe.

11

Einfach aufgeben

Lesen ist nicht immer eine freudige Beschäftigung. Manchmal jedoch kann man aus der Trübsal Freude gewinnen.

Es gibt Fälle, in denen ein Buch einen nicht in seinen Bann zieht, in denen der Funke nicht überspringt und die Flamme der Begeisterung sich einfach nicht entzünden will. Schwerfällig gleitet der Blick über die Zeilen. Worte werden zu Pollern, Sätze zu Straßensperren, und Abschnitte sind mit Stacheldraht umzäunt. Am Ende eines Kapitels ist man matt und verwirrt, als hätte man sich hoffnungslos verlaufen. Wieder und wieder liest man die gleichen Sätze, aber der Sinn will sich nicht von der Seite auf den Kopf übertragen, und man hat das Gefühl, durch Sirup zu waten. Die Lektüre gleicht einem hartnäckigen Feilschen. Es ist eine einzige Schinderei.

Viele Dinge können dafür verantwortlich sein: Figuren, die einem gleichgültig sind, eine lächerlich raunende Sprache, lateinische Ausdrücke, Sätze ohne Punkt und Komma, die länger sind als die Golden Gate Bridge, eine verwirrende Handlung und der verunglückte Versuch, einen lokalen Dialekt wiederzugeben. Meistens jedoch ist es ein allgemeines, nicht genau greifbares Gefühl. Die Chemie stimmt nicht, Leser und Buch kommen nicht miteinander klar. Es regt sich keinerlei Erwartung oder Vorfreude beim Gedanken daran, das Buch auf dem Weg nach Hause oder im Bett aufzuschlagen. Dieses Gefühl kann sogar eine existentielle Krise auslösen – ist die Liebe verflogen, bin ich mit dem Lesen *durch*? Um solche Gedanken zu vertreiben, kann man weiter mit einem Buch kämpfen, stoisch wie Sisyphos.

Tief in jedem Leser steckt der Gedanke, dass ein Buch vorzeitig zur Seite zu legen ein Sakrileg ist, eine Handlung, die gegen eine Art Schwur oder Reinheitsgebot verstößt oder das eigene Scheitern markiert. Schlimmer noch, man gibt ein lebendiges Objekt auf, überlässt ein Kind der stürmischen See. Was ist mit dem armen Autor? Man missachtet seine Mühen, scheucht den Diener fort. Alles das wird von einer nagenden Furcht begleitet, lauter guten Gründen, nicht aufzugeben, und einem blinden Vertrauen in Bücher – auch dieses

Buch wird jeden Moment »in Gang kommen«, die Handlung Fahrt aufnehmen und die Lektüre flüssiger werden, wenn man sich erst einmal an den Stil des Autors gewöhnt hat, kurzum, alles wird gut. Verantwortlich dafür sind die eigene Sturheit und die Furcht, dass man ein Buch nie ganz kennt oder gerecht beurteilen kann, wenn man es nicht von vorne bis hinten gelesen hat.

Bis man es eines Tages einfach macht. Man gibt auf. Aus und vorbei. Welch eine Befreiung. Plötzlich ist alles sonnenklar. Man erkennt, dass das Leben zu kurz ist, um sich durch schlechte Bücher zu quälen. Es ist wie eine Offenbarung. Ganz offiziell wird das Buch beerdigt: Man schüttelt den Kopf, seufzt oder flucht, zieht das Lesezeichen heraus, blättert noch einmal durch die Seiten, schlägt es zu und schenkt ihm einen letzten Blick, bevor man es zu Boden wirft wie ein gestrenger Schulmeister einen missratenen Aufsatz. Man muss nicht trauern oder sich schuldig fühlen. Es war eine destruktive Beziehung. Nun ist man frei. Es stehen noch unzählige Bücher im Regal.

12

Einem Kind
vorlesen

Vor langer Zeit und glücklich bis ans Ende ihrer Tage. Drachen und Bestien, Feuer und Fauchen. Böse Hexen und weiße Weihnachten. Mädchen, die fliegen können, und sprechende Tiere. Traurige Frösche und selbst gebastelte Raumschiffe, die zu einem Mond aus Käse unterwegs sind. Unzählige Welten, die sich dem Kind öffnen, unzählige Farben, die seine Phantasie bereichern. Während du vorliest, läuft in seinem Kopf ein Film ab und sein Herz pocht wild. »Mach ihre Stimmen nach«, bettelt es. »Sprich wie sie!« Deine »böse Stiefmutter« ist ein Triumph, dein »heimtückischer Dieb« beschämt gestandene Schauspieler.

Du musst nur kurz in seine Augen blicken, wenn du eine neue Geschichte beginnst oder eine vertraute noch einmal liest. Es ist, als wäre der Stein vor Aladdins Höhle zur Seite gerollt und als läge ein goldener Schein auf seinem Gesicht. Es saugt die Bilder, Farben und Rhythmen auf, taucht ein in die Seiten vor ihm, spaziert zwischen Riesen und Ungeheuern, kichert mit geschwätzigen Kühen und redet mit traurigen Eichen.

Fragen und Zwischenrufe sind erlaubt – Unterbrechungen tun dem Vorlesen keinen Abbruch. Sie lassen das Kind nur noch tiefer in die Geschichte eintauchen, sie in eine eigene Richtung lenken, und machen es schon mit acht Jahren zum Autor. Eine zweite, dritte oder vierte Geschichte mag getrost folgen. Der Schlaf kann warten, wenn die Prinzessin gerettet werden muss.

Du, das Kind und ein Buch, wohlig ins Bett gekuschelt oder auf einem Sessel hockend, im Kinderzimmer sicher vor aller Welt verborgen. Erstarrt im Bann der Abenteuer vor euch, gleicht ihr versteckten Statuen. Das Buch kann neu, ausgeliehen oder – größte aller Freuden – ein Relikt der eigenen Kindheit sein. In solchen Momenten verschwindet der Abstand von dreißig Jahren, und zwei Kinder lauschen der gleichen Geschichte.

Langsam überkommt der Schlaf die kleinen Augen, während die nächste Verabredung bereits feststeht: die gleiche Zeit, der gleiche Ort, morgen und auch der Tag danach. Vielleicht spinnt sich die Geschichte in seinem Traum weiter, vielleicht pustet es das Haus um oder schlägt dem Kobold ein Schnippchen.

Wir haben nur wenige unersetzliche Jahre, bevor unsere Kinder das Geheimnis der Worte entschlüsseln und lernen, alleine durch den Märchenwald zu gehen und sie unsere Hand nicht mehr brauchen. Vorzulesen bedeutet, ein Ritual zu schaffen und eine Liebe zu entzünden, die inniger ist als jede andere. Heute Abend lernt dein Kind mit dir zu fliegen.

13

Lesereisen an Orte,
die man nie besuchen wird

Die Seite ist ein fliegender Teppich, der uns in ferne Länder bringt. Die Textzeilen sind Flügel, die uns von zu Hause forttragen und zwischen Iglus, in Wäldern oder Wüsten absetzen. Reiseführer bringen uns rechtzeitig zum Jaroslawler Bahnhof nach Moskau, um in die Transsibirische Eisenbahn einzusteigen. Sie sind Papierflieger, die an unserer Stelle mit antarktischen Turbulenzen kämpfen. Sie kümmern sich nicht um Grenzen und verpflanzen Schauplätze von überall in unseren Alltag.

Für ein paar Pfund oder Dollar können wir Orte besuchen, auf die wir neugierig sind, aber wiederum nicht so neugierig, dass wir ein Hundertfaches dafür zahlen würden. Noch besser sind Orte, die man gar nicht besuchen kann – Reiseführer fegen internationale Protokolle hinweg, trotzen den Dekreten von Diktatoren und zeichnen neue Linien auf die Landkarte. Ihre Autoren sind Märtyrer, die lauter Widernisse auf sich laden, damit sie uns erspart bleiben, und zugleich Eilboten, die ganze Kontinente vor unserer Haustür abliefern. Weder müssen wir stundenlang auf Flughäfen warten noch sengende Hitze oder eisige Kälte erdulden. Sie riskieren im Ural umzukommen, damit wir wissen, dass ukrainische Natursteinbecken mit trübem Wasser gefüllt sind. Sie kippen 17 Schnapsgläser albanischen Raki hinunter, um uns aufzuklären, dass er wie Paraffin schmeckt, und versorgen unsere Nasen mit dem Wissen, dass Kissen in tunesischen Dörfern nach Tabak riechen. Die Verfasser verlaufen sich in einem Stadtviertel voller starrender Einheimischer und räudiger Straßenköter; wir blättern die Seite um, von der Gefahr ergriffen, und sind froh, dass die Situation glimpflich ausging.

Die Freude wird noch gesteigert, wenn es sich um einen alten Reiseführer handelt. Die Orte, die uns hier begegnen, können gar nicht mehr besichtigt werden. Die Menschen, denen wir dank des Autors die Hand geben und mit denen wir lachen können, sind lange tot, ihre Dialekte ausgestorben und ihre Straßen dem Erdboden gleichgemacht. Vielleicht ist sogar das ganze Land durch einen

Krieg oder eine Revolution und deren Folgen verschwunden. In diesem Fall erlaubt uns das Buch nicht nur eine räumliche Bewegung, sondern wir dürfen sogar an einer Zeitreise teilnehmen.

Reisen ist stets unterhaltsam und gelegentlich aufregend, wenn wir selbst nicht vor Ort sein müssen. Auf diese Weise die Welt zu erleben, ist wie einen Globus zu verschlucken. Wir lernen Orte aus der Nähe kennen, denen wir uns nie auch nur auf Tausende Kilometer genähert haben. Wir können uns über sie unterhalten, werden zu Schauspielern und unser Buch ein Skript aus den Katakomben. Ein Land wird abgehakt, und das Buch wandert zurück ins Regal. Und hier haben wir einen Reiseführer, bei dem wir uns die Mühe sparen können, die empfohlenen Restaurants aufzusuchen und nachher furchtbar enttäuscht zu sein. Wir haben einer ganzen Nation gelauscht, ohne unser Bett zu verlassen.

Das Gefühl der Verlassenheit am Ende eines Buches

Bestimmt gibt es ein eigenes Wort dafür – etwas Lyrisches, vermutlich im Gälischen oder Altgriechischen. Nur solche Sprachen können der Komplexität der Sache gerecht werden, denn die Leere, die ein Leser nach der Lektüre eines Buches empfindet, ist nicht allein tiefe Trauer. Das Buch hat eine Freude vermittelt, die eine Weile anhält und glückliche Erinnerungen hervorruft. Es *gibt* ein Gefühl des Verlusts, aber auch das Wissen, dass wir in den vergangenen Tagen und Wochen durch seine Seiten bereichert wurden. Vielleicht empfindet auch der Typ Mensch, der so viel ins Lesen investiert, diese Art Schmerz nicht ausschließlich als unangenehm.

Die schmerzvolle Freude entwickelt sich zu einer Art Routine. Der mächtige Klotz Papier in der rechten Hand wird fortlaufend dünner, von einem Ziegelstein zu einer Tafel Schokolade zu einer schmalen Broschüre. (Welch ein Entsetzen, wenn man zufällig vorblättert und feststellt, dass die vermeintlichen letzten Seiten der Geschichte leer sind oder Werbung für andere Titel enthalten; und andererseits welch eine Freude, wenn die letzte Seite noch gar nicht das Ende ist und sich ein Nachwort freundlich grüßend vor den Hinterausgang schiebt. Verschiedene Enden im Ende, unverhoffte Kapriolen, die das Buch und das Empfinden des Lesers verändern.)

Zurück in deinen Händen, nehmen kletternd die Seiten ab, wie Sandkörner in einem Stundenglas. Die Handlung spitzt sich zu und treibt unaufhörlich ihrer Vollendung und Auflösung entgegen. Du wirst gleichzeitig übermannt von der Anteilnahme an der Handlung (*wie in aller Welt soll das ein gutes Ende nehmen?*) und einer schleichenden Angst, die reale Welt betreffend (*nie wieder wird ein Buch so gut sein wie dieses*). Die Uhr tickt dem Wort ENDE entgegen, und du bist verloren, verzückt. Hinter deinem Kummer existiert der unzerstörbare Trost, dass Bücher immer noch diese Reaktion in dir auslösen, dich immer noch so glücklich und traurig machen wie in deiner Kindheit und Jugend. Sie bleiben ein in Lettern gesetzter Wirbelsturm.

Wenig später ist alles vorbei. Die Figuren, mit denen du Zeit verbracht hast – denen du geduldig gefolgt bist, deren komische und elende Momente du geteilt hast und über die du in deinem Alltag nachgedacht (ja, dich sogar *gesorgt* hast) –, sind verschwunden.

Während der Lektüre lebt das Buch. Dann wird es mit einem sehnsüchtigen Seufzer zugeschlagen und wehmütig zurück ins Regal gestellt. Die erste Seite gibt Leben, die letzte nimmt es zurück. Jetzt beginnt die Suche nach einem ebenso guten Buch, in dem wir erneut in unserem schmerzlichen Verlust schwelgen können.

Randnotizen

Es gibt einige wenige Hyperkorrekte, die es als Frevel empfinden, in ein Buch zu schreiben. Sie sehen Notizen mit Feder oder Bleistift als Schändung und Vandalismus, wie Graffiti auf dem Sockel eines ehrwürdigen Denkmals. Handschriftliche Schnörkel gelten als Ärgernis und oft sogar als Beleidigung. Nicht alle Geschmäcker sind gleich.

Vielleicht liegt man selbst irgendwo zwischen solcher Militanz und uneingeschränkter Nachsicht. Bücher aus der Bücherei sollten in Ruhe gelassen werden – »Dieses Buch ist mit Sorgfalt zu behandeln«, hieß es früher auf den Stempeln in Schulbüchern – und Stifte während der Lektüre in ihrem Mäppchen bleiben. Dennoch können feine Anmerkungen mit Bleistift am Rand eine freudige Überraschung sein, wie früher das Spielzeug in der Cornflakes-Packung. So wie der Tag mit einem Highlight begann, wenn man ein

Gimmick am Boden der Crispies-Box entdeckte, können einen Markierungen mit Bleistift am Anfang eines Buches sofort für es einnehmen. Sie aus purer Streitlust auszuschließen, hieße, zusätzliches Leben aus einem Buch zu verbannen.

Randbemerkungen setzen notwendigerweise einen Vorbesitzer voraus. Schon beim ersten Durchblättern der Seiten springen sie einem ins Auge, als wollten sie als Erste gelesen werden. Rasch ziehen sie einen in ihren Bann und drängen den gedruckten Text vorübergehend in den Hintergrund, gleichermaßen aufschlussreich und rätselhaft, kluge Interpretationen vermittelnd oder scheinbar zufällige Schnörkel und Wörter.

Handschriftliche Anmerkungen erlauben uns einen kurzen Einblick in das Leben unbekannter vorheriger Leser. Die Angst vor einer bevorstehenden Prüfung ist daran genauso zu erkennen wie die flüchtige Hingabe an ein Buch. In einem klassischen amerikanischen Roman sind Wörter eingekreist, die dem Text Farbigkeit und Struktur geben. In einer Lyrik-Anthologie finden sich vor den einzelnen Zeilen Fachtermini wie »Vergleich« oder »Metapher«. Eine geschwungene Handschrift versichert uns, »Er sagt hier nicht, was im Text steht, sondern dass er ein schwieriges Verhältnis zu seinem Vater hat«. In einem Theaterstück sind prosaische Namen wie Nigel und Barbara neben »Estragon« und »Julia« gekritzelt. Notizen dieser Art stammen von Lesern jedweden Alters – hochtrabende Erklärungen eines Studenten, das Sternchen eines werdenden Autors neben einer besonders bildhaften Beschreibung, ein Leser mit Liebeskummer, der seine eigenen Gefühle perfekt in einer Zeile widergespiegelt sieht, die winzigen Fragezeichen einer alten Dame, die ein Fernstudium absolviert.

Schließlich verlieren sich die Markierungen, und der gedruckte Text steht für sich. Vielleicht hat der Kommentator verzweifelt das Handtuch geworfen oder hat nichts mehr gefunden, was ihm eine Anmerkung wert schien. Jede Kritzelei, Notiz oder Anmerkung ist ein liebenswerter Gefangener, der über Jahre zwischen den Seiten schläft, bis er von einem Leser befreit wird. Es sind Botschaftern aus einer anderen Welt, die den Text bereichern und Leser über viele Jahre hinweg miteinander verbinden. Der Bleistift ist ein mächtiges Utensil.

16

Einen Nachmittag lang
in den Regalen
Ordnung schaffen

Es fängt damit an, dass man einen bestimmten Titel sucht oder ein Buch nach dem Lesen zurückstellt. Ehe man sich versieht, fällt der Blick auf andere Stellen im Regal. Bücher werden verschoben und gerade gerückt, aus dem Regal gezogen, sodass Lücken entstehen, und gefährliche Gedanken greifen um sich: Sollte dieser Titel nicht dort drüben bei den anderen stehen? Gehört nicht alle Lyrik zusammen? Warum stehen Reisebeschreibungen und Reiseführer durcheinander? Was habe ich mir dabei gedacht?

Dann beginnt das Umräumen. Die versprengte, halb gelesene grandiose Biographie wird aus ihrer horizontalen Lage unter Atlanten und Wörterbüchern befreit und aufrecht zu den anderen Lebensgeschichten auf der anderen Seite des Raums gestellt. Damit könnte es gut sein, wenn man nicht ein vor vielen Jahren erstandenes Buch entdeckt hätte, das erst einmal aus dem Regal gezogen und inspiziert werden muss. Immer wieder denkt man, *Ich habe ganz vergessen, dass ich das besitze!* und *Wo zum Teufel steckt der Nachfolgeband?*, woraufhin eine erneute Suche beginnt. Angefangen mit dem Umstellen der Biographie ist man zu einer Schachfigur geworden, die von einhundert Großmeistern aus bedrucktem Papier und Karton übers Spielfeld geschoben wird.

Die Kette setzt sich fort. Verlorenes wird wiederentdeckt, Versprengtes zusammengeführt, manch glückliche Entdeckung gemacht. Bücher werden ehrfürchtig in Händen gewogen, als würden sie jeden Augenblick zu sprechen beginnen. Die Zeichen ihrer Reife sind deutlich erkennbar: der Geruch nach Staub, bernsteinfarbene Seiten, angestoßene und gewellte Einbände und die vielen kleinen Zeichen fortgeschrittenen Alters. Noch einmal liest man schmunzelnd das Lob der Klappentexte und Buchumschläge, die einen zurück in die Zeit versetzen, als man das Buch erworben und gelesen hat. Schrifttype, Kapitelüberschriften, Figuren, Illustrationen oder das bloße Gefühl des Buches in der Hand erwecken vorübergehend nicht nur das Buch wieder zum

Leben, sondern auch die Person, die es damals gelesen hat. Und schon entdeckt man etwas anderes.

Die Zeit scheint wie ausgesetzt. Stunden vergehen unbeachtet. Um einen herum liegen Bücherstapel auf dem Boden, sie erinnern an Gesteinsformationen, zerfallene römische Säulen und Treppen ins Nirgendwo. Ob vorsätzlich oder spontan, in den Regalen entsteht eine neue Ordnung. Der chaotische Bibliothekar in einem selbst setzt seine Arbeit nach einem eigens entwickelten System fort: halb nach dem Alphabet, halb nach Gefühl; nur nichts zu Strenges, das die soeben genossene anarchische Freude in ein paar Jahren verhindern könnte. Bücherstapel werden an einen neuen Platz geschleppt und fallen polternd zu Boden, als klapperten Holzpantinen über Pflaster.

Schließlich ist diese umgekehrte Art von Hausentrümplung geschafft. Jetzt kommt der Moment, da man sich im Sessel zurücklehnt und seine bunte Armee in Reih und Glied stehender Soldaten betrachtet, der Moment, an dem einem aufgeht, dass man das ursprünglich gesuchte Buch nicht gefunden hat.

17

Wenn ein Roman
einen zu Tränen rührt

Wir glauben, alles sei in Ordnung, und schon ist es um uns geschehen. Zwischen zwei Absätzen spüren wir ein Brennen im Hals aufsteigen, und der Versuch, es hinunterzuschlucken, ist, als wolle man ein loderndes Feuer mit einer Pipette löschen. Das Herz schwillt in der Brust, und eine einzige Zeile genügt, es zu zerreißen.

Es ist kein hemmungsloses Heulen, und es dauert auch nicht lange. Aber wenn ein Buch uns einmal so weit hat, wird es ganz bestimmt nicht das letzte Mal gewesen sein. Tatsächlich handelt es sich um ein kontrolliertes und wohldosiertes Schluchzen – ein heftiges Ausatmen, ein oder zwei Schniefer durch die Nase und ein unwillkürlicher Seufzer, der einen selbst überrascht. Sie erfüllen dennoch einen Zweck, indem sie das Bedürfnis des Lesers nach traurigen Lektürenmomenten stillen. Wenn die schlechte Nachricht überbracht wird, der Sarg in die Erde hinabgelassen wird oder die Gerechtigkeit unterliegt, können wir in seliger Melancholie schwelgen und über das himmelschreiende Unrecht Tränen vergießen.

Es erfordert einiges Können, einen solchen Gefühlsaufruhr hervorzurufen, damit ein Kind tiefes Mitleid für die Hexe empfindet, oder der zynische Erwachsene von einer vereitelten Liebesgeschichte gerührt wird. Ein solcher Schriftsteller vermag es, unerwartet Emotionen im Leser entstehen zu lassen, mit gütiger Hand Tränen hervorzurufen, die heilsame Wirkungen haben. Es fühlt sich gut an, zu schluchzen, und ein Buch, das uns dies ermöglicht hat, vergessen wir so schnell nicht.

Wegen eines Buches zu weinen, besitzt einen einzigartigen Vorteil. Es ist ein privates Ventil für aufgestaute Emotionen. Es ist intensiv und individuell und vollkommen spontan, wohingegen Tränen im Kino geteilt werden und ansteckend sind. Und es fühlt sich leichter an, als Tränen in der realen Welt zu vergießen, als ob der Bucheinband ein Schleier wäre, hinter dem wir unterdrückten Empfindungen freien Lauf lassen können.

Buchempfehlungen, bei denen es bei uns nicht klick macht

Umwerfend«, verkündet eine Stimme auf dem Klappentext. »Unzweifelhaft ein Klassiker«, plärrt eine andere. Die Zeitungen überschlagen sich wie seit Ewigkeiten nicht mehr mit Wörtern wie »meisterhaft« und »einzigartig« und dem exakten Nachweis, warum dieses Buch alles, was wir bisher kannten, über den Haufen wirft. Auf einer Wand im Bahnhof prangt das Cover, groß wie ein Scheunentor; und da springt es einen schon wieder von der zerknitterten Seite einer kostenlosen Sonntagszeitung an, die jemand auf dem Zugsitz hat liegen lassen. Im Radio wird über das Buch geredet, und sogar im Fernsehen. Gerüchten nach wird es bereits verfilmt. Der Traum jedes Autors wird wahr.

All dem kann man sich bewusst widersetzen, auch wenn es schändlich ist, ein Buch nur deshalb nicht zu lesen, weil es wie eine Armee auf dem Vormarsch daherkommt. Schwieriger ist es, der Empfehlung eines Freundes auszuweichen, und noch ärger, wenn er es einem praktisch aufzwängt. »Das *musst* du lesen«, sagt jeder. »Es ist *brillant*.«

Eine Zeit lang kann man die Sache vor sich herschieben. Wie Bügeln oder ein schwieriges Gespräch am Arbeitsplatz – irgendwann muss man sich ein Herz fassen. Also fängt man an zu lesen. Der erste Satz knirscht, der zweite scheppert. Bei den Dialogen zuckt man zusammen. Wenn man aus den Augenwinkeln erkennt, dass bestimmte Figuren auftauchen, krampft sich der Magen zusammen wie bei unliebsamen Besuchern im Alltag. Am liebsten würde man ihre Namen von der Buchseite tilgen. Vielleicht ist der Stil leidlich erträglich und bloß der Inhalt regt einen maßlos auf, ob nun wegen der Art seiner Behandlung oder weil das Thema einem widerstrebt. Verärgert schüttelt man den Kopf und fragt sich im Hinblick auf seine Leser und Anhänger ungläubig: Sind die alle *blind*?

Deine Ablehnung ist so groß, dass du dein Erstaunen nicht länger unterdrücken kannst und den frevlerischen Satz murmelst: »Das glaubt doch kein Mensch.« Du kapierst es einfach nicht. Als wären des Kaisers neue Kleider billig produzierte T-Shirts. Zuerst hinterfragst du dein eigenes Urteil, dann das der Öffentlichkeit, und zuletzt – das Schlimmste von allem – das des Freundes, der dir das Buch empfohlen hat.

Was für ein Ketzer du doch bist …, und ist das nicht wunderbar? Es braucht Mut, der Mehrheit zu widersprechen, den Vorwurf nicht zu fürchten, ein Querulant zu sein, und die Seifenblase des allgemeinen Konsenses zum Platzen zu bringen. Für ein so unscheinbares Ding, kann ein Buch einen sanftmütigen Menschen tollkühn und wütend machen. Die Freude darüber ist genauso groß, wie die, den allerorts gelobten Roman in die Ecke zu schleudern und zu wissen, dass du recht hast.

19

Wenn eine Verfilmung oder Adaption die Sache trifft

Die Figur eines Romans tritt von der Buchseite geradewegs in die Vorstellungswelt des Lesers. In einem einzigen Augenblick wird er oder sie zu einem körperlichen Wesen, und sei es zunächst auch nur eine Silhouette. Die Figur hat eine bestimmte Art, sich zu kleiden, einen bestimmten Gang, eine unverwechselbare Stimme – vielleicht sogar ein Gesicht. Selbst wenn ein Autor eine ausführliche Beschreibung liefert, bleibt doch vieles der Interpretation des Lesers überlassen. Der Schriftsteller gibt die Punkte vor, und der Leser verbindet sie.

Gleiches gilt für die Schauplätze eines Buches. Der eigene Kopf ist der Bühnenbildner, der die Wände tapeziert, die Teppiche ausrollt und darüber entscheidet, wie viel Krimskrams im Raum herumliegt. Ganze Straßenzüge werden größtenteils der eigenen Phantasie überlassen, und Reisen finden hinter den eigenen Augen statt. Um zu betonen, wie individuell solche Vorstellungen sind: Keine zwei Leser haben je das gleiche Bild von einer Figur oder einem Schauplatz. Anhand ihrer Beschreibungen angefertigte Phantombilder wie bei der Polizei würden vermutlich zu zwei gänzlich unterschiedlichen Suchplakaten führen.

Du hast die Vorstellung einer Figur liebgewonnen, sie ist definitiv, unantastbar, heilig. Und dann hörst du mit gemischten Gefühlen, dass es eine Verfilmung des Buches gibt. Wie könnte je ein Ort oder eine Person im Film dem vollkommenen Bild in deinem Kopf entsprechen? Furcht und Nervosität breiten sich aus: Ein falsch besetzter Schauspieler könnte die subtil entwickelte Figur in deinem Kopf verdrängen, das Bild in deinem Kopf ruinieren – »so redet er ganz bestimmt nicht«; die ganze Adaption des Buches könnte misslungen oder, schlimmer noch, lediglich als »Rohstoff« benutzt worden sein; und zuletzt muss man die Geschichte, *seine* Geschichte, mit Millionen anderer Menschen teilen. Man könnte also geneigt sein, Verfilmungen für das Kino oder das Fernsehen grundsätzlich zu meiden. Gleichwohl steckt darin eine versnobte Form von Vergnügen, die viel mit Schadenfreude gemein hat.

Kann man sich von solchen unbedeutenden Querelen frei machen, steht ein ungleich größeres Vergnügen in Aussicht. Die Ankündigung eines Kinofilms oder einer Sonntagabendserie liefern Anlass für Spannung. Man erfährt, welche Schauspieler mitspielen, und denkt, oh, ja doch, ist sie nicht die perfekte Besetzung für Dickens, oder ist er nicht der ideale Schurke für Stephen King? Die Trailer im Fernsehen oder im Kino lassen das Herz schneller schlagen. Der Sendetermin oder das Datum für den Kinostart verwandeln die Erwartung in einen seligen Schwindel. Gerade so, als würde das geliebte Buch im frischen Gewand wiederaufgelegt. Wenn es dann soweit ist, müssen alle im Wohnzimmer ruhig sein, und im Kino müssen die Zuschauer im Umkreis von drei Metern das Rascheln in ihren Popcorn-Eimern einstellen. Es fühlt sich an, als hätte man lauter Schmetterlinge im Bauch. Dann hebt sich der metaphorische Vorhang, und beim ersten Ton der Filmmusik oder dem Anblick des Titels auf der Leinwand spürt man ein unbeschreibliches Glückgefühl. Es ist so, als würde man endlich einen langjährigen Freund treffen, mit dem man bisher nur über Skype und durch E-Mails kommuniziert hat.

Eine Welt, die zuvor auf Papier und in deinem

eigenen Kopf existiert hat, tritt dir plötzlich in 3D, HD und Technicolor entgegen. Etwa so, als würde man in einen Traum hineinspazieren. Das Vergnügen geht weit über den Film oder die Serie hinaus. Man betrachtet die Figuren und Schauplätze, vergleicht sie mit den Beschreibungen im Buch und seinen eigenen Vorstellungen und überlegt, wie gut sie getroffen sind. Mit Vorfreude denkt man an Dialoge oder Szenen, die man als Leser besonders geschätzt hat, und fragt sich, wie sie wohl umgesetzt werden. Feine Unterschiede oder Auslassungen festzustellen, geben einem das angenehme Gefühl, ein »Insider« zu sein.

Neben den vielen einzelnen Momenten des Genusses stellt sich eine große Freude darüber ein, dass diese Adaption sich richtig anfühlt. Alles, der Ton, die Bilder und die Farben, sind perfekt. Tatsächlich kann diese Version das Original noch ergänzen, so sehr entsprechen die Figuren und Welten den eigenen Vorstellungen. Eins der Lieblingsbücher seiner Kindheit auf der Leinwand zu sehen, bringt einen noch näher an den Zauber heran, den der Autor mit seiner Schreibmaschine zu entfachen wusste.

Vielleicht kann man nachher Buch und Verfilmung voneinander trennen und hat dann zwei

Versionen, in denen man schwelgen kann, so als wäre der Film ein Album mit großartigen Coversongs. Beide kommen einzig in einer Neuausgabe des Buches in Berührung, auf der ein Aufkleber mit der Aufschrift »Der große Fernseherfolg« prangt oder ein Szenenfoto aus dem Kinofilm zu sehen ist. Oder, aber das darf nur flüsternd gesagt werden, weil es fast so etwas ist wie ein Fluch in der Kirche, man ist der Meinung, der Film sei vielleicht sogar noch besser als das Buch.

Der Geruch von Büchern, alten und neuen

Wer eine Stunde lang vor dem Regal steht und (bei geschlossenen Vorhängen) tief einatmet, der mag folgende Gerüche entdecken: feuchter Rindenmulch auf dem Spielplatz, Stühle in der Grundschule, Hosen vom Flohmarkt, Gartenerde, die Luft im Flugzeug, Gummibänder, Sägespäne, fauliger Seetang, Streichkäse, Eishörnchen, Kirchengestühl, kontinentaleuropäische Hotelzimmer, Bauernhöfe, Lacke und Farben in einem Schuppen, rostige Batterien, ein Chemieraum in der Schule, verbrannter Toast und alte Zwei-Pence-Münzen.

Einige dieser Gerüche erfordern eine feine Nase, andere drängen sich auf. Die meisten sind nicht angenehm, aber das macht nichts. Es sind ausgeprägte Büchergerüche. Jeder andere muffig riechende Gegenstand würde entweder in der Waschmaschine oder der Mülltonne landen. Bei einem Buch hingegen bedeutet es Charme und Ausstrahlung.

Die Düfte von Buchseiten variieren stark. Ein alter Leinenband trägt den Geruch von Feuchtigkeit stolz vor sich her; der Duft eines neuen Taschenbuchs ist subtil und einschmeichelnd. Während jedes Buch sein eigenes Aroma besitzt, gibt es auch allgemeine Gerüche, die ein großer Trost für den Buchliebhaber sind. Sie vermitteln ihm ein beruhigendes Gefühl, wie die Gerüche aus einer fremden Küche, die man zufällig beim Vorbeigehen auf der Straße aufschnappt. Ein Buch kann Teile unseres Lebens aufbewahren – den Geruch eines Zimmers in einem alten Haus, oder den von Großvaters Zigaretten. Ihre Wirkung auf uns ist vielfältig.

Auch ein neues Buch kann intensive Gefühle auslösen, die allerdings weniger reflexiver Natur und sehr viel unmittelbarer sind. Beim Aufschlagen eines schweren neuen Leinenbands oder beim Durchblättern eines Taschenbuchs schlägt uns ein frischer, belebender Geruch entgegen. Der Duft lässt sich kaum beschreiben, so sehr ist er eins mit der Vorstellung eines »neuen Buchs«, aber am ehesten erinnert er an Fish & Chips mit Essig. Der Vergleich mit etwas besonders Leckerem ist nicht zufällig. Ein neues Buch ist verlockend und lässt uns, genau wie die Lieblingsspeise, die vor uns auf den Tisch gestellt wird, das Wasser im Mund zusammenlaufen.

Ein Buch kann uns an ein anderes erinnern und zu Entdeckungen führen. Der Hefegeruch des Bildteils einer brandneuen Biographie führt uns unmittelbar zurück zu den Fernseh- und Comic-Jahrbüchern unserer Jugend. Greifen wir nach einem dieser Bände aus vergangenen Zeiten, stellen wir vielleicht fest, dass der Geruch ein anderer ist und jetzt an einen Aufzug erinnert, kurz nachdem ein Raucher ausgestiegen ist. Mit einem Mal erscheint es ganz logisch: Natürlich verändert sich der Geruch von Büchern mit den Jahren. Er reift und gewinnt Charakter, reagiert auf seine Umwelt. Eine wissenschaftliche Erklärung scheint es nicht dafür zu geben – schlägt man zwei Romane derselben Ausgabe auf genau der gleichen Seite auf, kann der eine nach alten Bussen und der andere nach Knetgummi riechen. Wenn alle diese Aromen reifen und sich vermischen, erlangt ein Bücherzimmer jenen göttlichen Status, bei dem man es mit geschlossenen Augen identifizieren kann. Die einzelnen Bände haben sich über die Atmosphäre gelegt.

Dies ist kein bloßer Fetisch. Es zählt, weil es mit unmittelbarem Genuss verbunden ist und uns zeigt, dass wir Bücher auch mit anderen Sinnen als nur den Augen wahrnehmen.

21

Dem nächsten Band
einer Reihe entgegenfiebern

Ein Fluch des Erwachsenseins ist das Schwinden von Vorfreude. Wir haben es längst aufgegeben, jemals wieder so aufgeregt zu sein wie früher an Heiligabend. Überlebt hat dieses Gefühl allein bei den Erwachsenen, die gespannt dem nächsten Buch einer Reihe entgegenfiebern. Sie erleben nach wie vor eine freudige Bescherung, vielleicht sogar einmal im Jahr.

Das Fieber packt einen früh und lässt einen nicht mehr los. Es wurzelt in den umfangreichen Sammlungen, die nicht unbedingt Reihen angehören müssen, die uns in frühen Leserjahren das Gefühl von Sicherheit und Rückhalt geben. Was für ein beruhigendes Gefühl, wenn wir als Teenager feststellen, wie viele Bücher ein produktiver Autor geschrieben hat. Sehen wir dann in der Leihbibliothek oder Buchhandlung zahlreiche Bände in ähnlicher Aufmachung im Regal, fühlen wir uns hundertfach umarmt. Eine solche Gewissheit schafft ein Vertrauen in Bücher, besonders jene Bände, die uns wie gute Bekannte vorkommen. Zuletzt wird bloße Vertrautheit zur Obsession, wenn man sich um Mitternacht in die Schlange vor der Buchhandlung einreiht, um zu den ersten Käufern zu gehören. Dies setzt sich im Erwachsenenalter nahtlos in der Aufregung fort, die eine Buchreihe auszulösen vermag.

Das Versprechen enthält jetzt auch ein Element von Konservatismus: Zeit ist kostbar, Risiken sind zu vermeiden, wir brauchen Bücher, die wir in unser Herz schließen werden, Bücher, die es *verdienen*, dass wir ihrem Erscheinen entgegenfiebern. Zuerst ist es bloß ein Gerücht, dann deutet der Autor in einem Interview an, dass bald ein neuer Band erscheinen wird. Ein Veröffentlichungsdatum wird bekanntgegeben, vorherige Bände werden flüchtig oder intensiv zur Vorbereitung konsultiert und Vorbestellungen aufgegeben. Es ist wie eine Anzahlung auf ein zukünftiges Glück, und ein leises Gefühl von Weihnachten breitet sich unerwartet aus. Der Kitzel des Neuen und das Wohlbehagen des Bekannten vermischen sich und gehören uns ganz allein.

Sobald uns der erste Band am Haken hat, kommen wir nicht mehr davon los. Wir müssen wissen, wie es weitergeht und was als Nächstes und Übernächstes passiert. Jedes Mal begegnen wir alten Bekannten wieder, lassen uns auf den neusten Stand bringen und fallen zurück in den Rhythmus des Buches. Es ist wie ein Wiedersehen, und wie jedes Wiedersehen ist der Beginn nicht frei von Verlegenheit. Doch dann erliegen wir dem Charme des Wohlvertrauten: der Geschichte, dem Stil und den Figuren, dem Einband, der Schrifttype und dem Gefühl. Eine Buchreihe befriedigt unser Bedürfnis nach Kontinuität und Zugehörigkeit, weil jeder Band uns wieder vor einer Tür zu unserer Lieblingswelt absetzt.

Viel zu schnell ist das Buch ausgelesen. Mit Genugtuung machen wir den jüngsten Rekruten mit dem Rest der Familie bekannt, so als würden wir eine weitere Trophäe in die Vitrine stellen. Schon bald ist es Zeit, sich auf einen neuen Band und ein weiteres Weihnachten zu freuen. Mit Schrecken mögen wir eines Tages den Satz »Letzter Band der Reihe« lesen, aber insgeheim wissen wir, dass der Autor dies unmöglich sich selbst, und schon gar nicht uns antun kann.

Sich beim Lesen
vor Lachen schütteln

Es beginnt tief unten im Magen. Langsam steigt es den Brustkorb hinauf, kitzelt im Hals und entweicht zischend. Die Wangen zucken, ein kurzes Prusten. Es ist eine andere Art von Lachen als in einer Gruppe. Gemeinsames öffentliches Lachen wendet sich nach außen und ist expressiv. Das Lachen über eine Lektüre ist privat und diskret.

Das gilt besonders dann, wenn man in der Öffentlichkeit liest. Wenn man ein herzhaftes Lachen im Bus unterdrücken muss, fühlt man sich fast wieder in die eigene Schulzeit zurückversetzt, zu jenen Heiterkeitsausbrüchen, die sich wie ein Feuerwerk im Mund anfühlten. Nach Luft schnappend, wusste man gar nicht mehr, was der Auslöser gewesen war und vermied schuldbewusst jeden Blick mit seinen Klassenkameraden. Im Bus lässt man das Buch sinken, dreht den Kopf zur Seite und lacht das Fenster an.

Anlässe zum Lachen finden sich in jedem Genre. Es mag das absurde Bild in einem Horror-Comic sein oder der schlagfertige Dialog in einem knallharten Thriller. In diesen Fällen wirkt das Lachen wie eine Erlösung. Wird viel und regelmäßig gelacht, etwa bei einem Reisebericht oder einem satirischen Roman, gleicht die Lektüre einem fortwährenden Austausch von Insiderwitzen. Es ist ein privates Vergnügen, bei dem das hochgehaltene Buch wie eine Art Sichtschutz wirkt, so wie man sein Gähnen hinter vorgehaltener Hand versteckt. Es ist eine einzigartige Form von Lachen. Im Pub oder im Kino, im Theater oder einer Comedy-Show ist jeder Lacher des Publikums genau kalkuliert und erfolgt auf Knopfdruck. Bei der Lektüre eines Buches hingegen können wir selbst bestimmen, was wir lustig finden und worüber wir lachen. Es gibt keine kollektive Aufforderung, sondern nur eine befreiende Intimität.

Es ist wunderbar, vor einem Bücherschrank zu stehen und zu wissen, dass sich unter den imposanten Bänden mit durchgedrücktem Rücken und stolzgeschwellter Brust jede Menge Slapstick, Sarkasmus und plumper Humor befinden. Man fühlt sich dabei an das Bild eines gestrengen Onkels erinnert, der sich als Autoritätsperson aufzuspielen versucht. Zwischen ernsten Seiten lauern Gekicher und schallendes Gelächter, geheime Kostbarkeiten, die uns noch einmal das Gefühl geben wollen, unbeschwerte Teenager zu sein.

23

Büchereien

Wie auch immer die Architektur des Gebäudes aussehen mag, Büchereien sind wahr geworden Utopien. Ob als Ziegelbau mit der sanften Anmut eines Trauergasts oder als roher Kubus an ein Schulgebäude gepflastert, das Bauwerk umgibt eine Aura von Versprechen und geistiger Nahrung. Es mag direkt an der Hauptstraße oder versteckt in einer Nebengasse liegen, ein großes Eingangsportal mit einem in Stein gemeißelten Leitspruch oder schmale, blendenverhangene Fenster besitzen, immer dient es dem einen Zweck menschlicher Bereicherung und Erbauung.

Die Welt hinter den Türen ist stets die gleiche. Eifrige Bibliothekare erzeugen eine geschäftige Atmosphäre, indem sie fleißig auf Tastaturen tippen, Listen mit überfälligen Büchern durchgehen, knarrende Holzwagen durch die Gegend schieben und Titel zurück ins Regal stellen, wie junge Mütter, die ihr Neugeborenes behutsam in einen

Tragkorb legen. Hin und wieder halten sie inne, um den Umschlag eines geschätzten Buchs näher zu betrachten.

Die einheitlichen Signaturen der Bücher, die gestempelten Ausleihfristen wie Fußabdrücke vorheriger Leser und die alphabetische Ordnung der Regale – alle diese Dinge tragen zum Gefühl der Ordnung bei, das wir an Büchereien so lieben. Zwischen den Bücherstapeln herrschen Sicherheit und ein klares System. Alles befindet sich an seinem Platz, und man selbst hat seinen gefunden.

Hinter der Abteilung mit den Liebesromanen, lauter dicke Schmöker von Autorinnen, die mit Vornamen Ella, Joanne oder Paula heißen, und hinter den Karussells mit Hörbüchern und DVDs schimmert die Kinderecke. Welch ein magischer Ort für junge Leser und für alle anderen, um in Erinnerungen zu schwelgen. Alles ist da: die großformatigen dicken Bilderbücher, deren Seiten klacken, wenn sie von schmutzigen Kinderhänden umgeblättert werden; unförmige Sitzsäcke zum Hineinflätzen; laminierte Poster zum Zahlenlernen; Wissensbücher über Flaggen und Dinosaurier; und die grellen Cover der Jugendliteratur. Ein Kleinkind klettert auf den Schoß seines Vaters und möchte vorgelesen bekommen.

Für die, die es beobachten, ist es eine Erinnerung an die glorreichen Büchereibesuche in ihrer Kindheit. Die dort verbrachten Stunden waren ein leises Abenteuer, der Leserausweis ein Geheimpass. Wie konnte es möglich sein, Bücher einfach aus den Regalen zu nehmen, nach Hause zu schaffen und bei sich einzustellen? Niemand hinderte einen daran. Ganz im Gegenteil, man wurde sogar am helllichten Tag dazu ermutigt. Solche Orte prägen einen nachhaltig und wecken eine lebenslange Liebe zu Büchern.

Oben im Lesesaal, zwischen Holzschränken und langen schmalen Schubladen, zeichnet ein Amateurhistoriker morastige Felder von einer Landkarte ab, und ein nervöser Mann mittleren Alters studiert alte Ausgaben der *Stiftung Warentest*. Ein schlafender Rentner, der zum Zeitunglesen gekommen ist, wacht mit einem Kopfnicken auf. Unten im Hauptsaal gibt eine Mutter während der Mittagspause das überfällige Buch ihres Kindes zurück, mit einem gekonnten Lächeln dem vorwurfsvollen Blick des Bibliothekars zuvorkommend. Eine unter Langeweile leidende Dame in den Siebzigern leiht sich einen neuen Thriller aus, der ihr die Zeit vertreibt. Ehrgeizige Studenten finden halbwegs Ruhe und eine freie Steckdose, um zu büffeln und dem näher rückenden Examenstermin entgegenzubangen, und die Unterprivilegierten nutzen das Internet, das sie sich zu Hause nicht leisten können, um Bewerbungsformulare auszufüllen.

Trotz der leisen, gedämpften Atmosphäre eilt die Zeit in einer Bücherei dahin, und es ist ein Ort voller Leben, sowohl für zurückgezogene als auch für aufstrebende Geister. Büchereien sind schützende Häfen und Orte des Ansporns. Ihr Erfolg kann weder an der Zahl der ausgeliehenen Bücher pro Tag noch an den Kosten pro Kopf gemessenen werden. Es sind Gemeinden und Zufluchtsorte, Brutstätten des Wissens und lebendige Demokratien. Man stelle sich nur vor, sie würden aus Kostengründen geschlossen. Welch ein Verlust. Nutzen und erfreuen wir uns der Büchereien, bevor irgendein Pfennigfuchser des einundzwanzigsten Jahrhunderts das letzte Wort behält.

24

Unabhängige Buchhandlungen

In meinem Viertel entsteht eine Utopie. Wo gegenwärtig noch eine Baustelle ist, wird in Kürze ein Schild mit der Aufschrift »Geöffnet« umgedreht und die Tür aufgestoßen werden. Der Klang der Türglocke wird die Eröffnung einer neuen unabhängigen Buchhandlung verkünden.

Über Monate sind die Anwohner davon ausgegangen, dass in dem leer stehenden Geschoss ein neuer Minimarkt oder eine enge Apartmentwohnung entstehen würde, wie das heute in den Städten so üblich ist. Stattdessen wachsen nun die Regale in die Höhe; ein Schreiner baut die Abteilung für Belletristik, ein Elektriker kümmert sich um die Beleuchtung, damit auch genügend Licht zum Stöbern da ist, und ein Teppichleger misst den Boden dort aus, wo die Abteilung für Reiseliteratur an die für Sportliteratur grenzen wird. Der Anstrich der Ladenfront, die Ankunft der Fensterputzer ... jedes Ereignis ist wie das Öffnen einer Tür im Adventskalender, und mit jedem Tag steigt die Vorfreude. In unserer chaotischen Welt fühlt sich das wie eine frohe Botschaft und ein Segen an, als sei die Zivilisation noch nicht am Ende.

Irgendjemand verwirklicht seinen Traum, und wir, die wir uns bereits als zukünftige Kunden sehen, dürfen daran teilhaben. Dieser jemand ist der stolze neue Besitzer. Hat er oder sie zuvor in einer anderen Buchhandlung gearbeitet, oder in einer Bibliothek oder in der Filiale einer Buchhandelskette und sich in Tagträumen ausgemalt, was nun unter dem Lärm der Werkzeuge und der vorfahrenden Lieferwagen Gestalt annimmt? Schon bald werden wir es erfahren, denn das Gespräch mit den Angestellten oder dem Eigentümer einer unabhängigen Buchhandlung gehört zum unverzichtbaren Ritual eines Besuchs. Selbst wenn die Angestellten beschäftigt sind und andere wichtige Aufgaben zu erledigen haben, lassen sie sich nichts anmerken. Sie sind Berater aber auch Kartographen, die es als ihre Aufgabe sehen, den Anliegen ihrer Kunden geduldig zu lauschen und ihnen den Weg zu ihrem nächsten Leseabenteuer zu weisen. Im Gegenzug werden die Kunden selbst zu Vermittlern, Fürsprechern, Enthusiasten und Verkäufern. Sie sind die Wetterfahnen, die anderen den Weg zu der Buchhandlung weisen.

Überall auf dem Planeten leuchten bereits unzählige dieser magischen Häuser. In den Städten, in der Provinz und den sich ausbreitenden Metropolen, zwei oder zehn Räume einnehmend, bereichern unabhängige Buchhandlungen das Straßenbild und das Leben der Menschen. Der Eintritt ist stets mit einem beruhigenden Gefühl verbunden, ob es sich nun um das vertraute Geschäft in der Nachbarschaft oder um eine zufällige Entdeckung in der Ferne handelt.

Auch wenn sie die Wärme und der Trotz eint, die sie zu solch seligen Rückzugsorten machen, besitzt jede Buchhandlung doch ihren ganz eigenen Charakter. Kein Schaufenster ist gleich, nirgends finden sich auf den zentralen Verkaufstischen die gleichen Bücher. Es gibt auch keine Unternehmenszentrale, die aufgrund von Verkaufszahlen und Marktanalysen über solche Dinge entscheidet. Sämtliche Titel sind handverlesen und individuell ausgewählt, die meisten aus dem wunderbaren Grund, dass sie dem Buchhändler gefallen haben.

Eine unabhängige Buchhandlung ist meist geordnet und aufgeräumt, ohne einschüchternd und wie ein Museum zu wirken. Die Einrichtung zeugt von Sorgfalt und Liebe. Geht es einmal etwas chaotischer zu, vergrößert dies nur den Charme und das Gefühl, dass dieser Ort einmalig ist. Die Gerüche sind himmlisch, so süß wie Kaugummi in der Kindheit und so beglückend wie in der Verpackung beigelegte Sammelbilder. Verstärkt wird die positive Energie durch die Buchhändler, die mit Leidenschaft in den Regalen nach dem passenden Titel suchen. Nur wenige Leute können damit reich werden. Dennoch scheint die Freude darüber, seine Zeit umgeben von Büchern verbringen zu dürfen, persönliche Empfehlungen geben zu können und vom Verkauf von Geschichten leben zu können alle Nachteile aufzuwiegen.

Unabhängige Buchhandlungen sind Anlaufstellen und Zufluchtsorte des Gemeinwesens. Autorenlesungen, Vorlesenachmittage für Kinder und Buchpräsentationen bei einem Glas Wein sind Glanzpunkte im Leben des Viertels. An manchen Tagen sind es Orte eines bunten, fröhlichen Treibens. An anderen sichere Häfen, in die man sich vor dem Regen flüchtet und wo man in aller Ruhe stöbert oder es sich mit seinem Kind auf einem Sofa gemütlich macht und ihm etwas vorliest. Kurzum, sie machen die Welt zu einem besseren Ort, mit jeder aufgeschlagenen Seite.

25

Einen Autor mit umfangreicher Backlist entdecken

Dort draußen, in Regalen schlummernd und in Schränken vergraben, sind Lieblingsautoren, von denen wir im Augenblick noch gar nichts wissen. Der Gedanke ist verlockend. Ein Fingerzeig des Schicksals muss uns die Richtung weisen – die Empfehlung eines Freundes, der Hinweis eines anderen von uns geschätzten Autors oder der zufällige Fund in einem Second-Hand-Laden.

Wie auch immer uns die Worte des bis dahin unbekannten Schriftstellers erreichen, zumindest für eine Weile nagt an uns das Gefühl, Zeit verschwendet zu haben und die Frage, *wieso habe ich ihn nicht früher entdeckt?* Dann überfällt uns eine plötzliche Erkenntnis. Während wir noch im ersten Band lesen, dämmert es uns, dass ein Autor es in den seltensten Fällen bei einem Buch bewenden lässt. Vielleicht findet sich sogar auf den Seiten unserer ersten Begegnung eine Liste mit weiteren Titeln. Oder besser noch, in einem älteren Titel findet sich eine Liste mit Büchern vom selben Autor, die um die Mitte seiner Karriere entstanden sein muss und verspricht, dass es noch zahlreiche inhaltliche und stilistische Wandlungen in der Folgezeit zu entdecken gibt. Das Herz jubiliert. Das Ende hat kein Ende. Eine neue Welt tut sich vor uns auf.

Sich durch eine Liste von Titeln durchzuarbeiten, gleicht einer Verfolgungsjagd. Ist ein Autor bereits vor längerer Zeit gestorben, ist dies mit einigen Mühen und dem Reiz des Aufspürens verbunden. Besuche in Antiquariaten sind nicht mehr bloßer Zeitvertreib, sondern folgen einer Mission, und die Entdeckung eines Buches eines gesuchten Autors im hintersten Winkel eines Second-Hand-Ladens hat etwas von Goldrauschfieber. Onlineeinkäufe beginnen als große Fischzüge, bevor sie zuletzt noch verbliebene Lücken schließen – eine Erstausgabe von 1938, eine Ausgabe mit einem Vorwort von George Bernhard Shaw. Um Exzesse zu vermeiden, sollten bestimmte Regeln eingehalten werden: Kein Autor sollte alle anderen Autoren verdrängen, sodass wir uns darauf beschränken, von unserem neuen Favoriten nur die Vorkriegsromane zu lesen. Natürlich wird es zuletzt nicht dabei bleiben, aber für den Augenblick steht uns eine reiche Ernte ins Haus und der Winter ist noch Monate entfernt.

Wir bestellen und verschlingen die ersten drei Romane unseres Autors und bemerken die feinen stilistischen Unterschiede. Unser privilegierter Standpunkt ermöglicht es uns, darüber zu spekulieren, was diese Wandlungen ausgelöst hat: hat der sich ankündigende Konflikt die Atmosphäre dieses Buches verdunkelt?; ist seine neue Liebe der Grund für die Leichtigkeit eines anderen? Rein äußerlich führt der Wandel der Zeiten beim Erwerb verschiedener Ausgaben zu einem chaotischen Erscheinungsbild: Die Linie der Buchrücken im Regal verläuft zickzackförmig wie die zerbröselnde Wehrmauer einer alten Festung. Das Umschlagdesign wandelt sich vom Art Deco der Dreißigerjahre bis zum Camp der Siebziger, der Namenszug des Autors wird größer und dann wieder kleiner, vielleicht entsprechend dem Auf und Ab seines Rufs und seinen Verkaufszahlen. Nicht, dass dieses Gefühl nur auf lange verstorbene Autoren in steifen Anzügen beschränkt wäre. Auch die Entdeckung eines modernen Autors von Format bietet den Genuss von Vergangenheit, Gegenwart und Zukunft. Man kann sie bis an ihre Anfänge zurückverfolgen, sich bis zur jüngsten Veröffentlichung vorarbeiten und gespannt auf den nächsten Roman warten, was eine zusätzliche Freude darstellt. Vielleicht handelt es sich sogar um einen Erfolgsautor, über den wir mit anderen ins Gespräch kommen können. Vielleicht haben wir sie, bewusst oder unbewusst, bislang gemieden und können unseren Fehler wiedergutmachen.

Welch ein Gedanke, dass dort draußen jemand existiert, der wie geschaffen für uns ist und nur darauf wartet, entdeckt zu werden.

26

Einem Kind beim Lesenlernen zuschauen

Was denkt ein kleines Mädchen, während wir ihm vorlesen? Vor seinen Augen entstehen aus schwarzen Flecken, Schlaufen, Haken und Punkten ganze Welten. Vielleicht stellt es sich seinen Vorleser als geheimnisvollen Barden vor, der aus den Zeichen vor ihm eine ganze Odyssee entstehen lassen kann. Die Zeit verrinnt, und die Augen weiten sich. Der Barde wird zum Code-knacker, der diesen merkwürdigen Spuren Ängste, Gelächter und ein glückliches Leben bis ans Ende ihrer Tage entlockt.

Das Flüstern des Vorlesers sinkt tief in das Gedächtnis des Mädchens. Seine Augen entdecken Teile des geheimen Codes an anderen Orten des Alltags. Das »s« in »Post« stammt vom Zischeln einer Schlange; auf einem Marmeladenglas sind lauter »mmmmms« von Goldlöckchens köstlichem Haferbrei abgebildet. Es gibt keine Grenzen zwischen der Welt innerhalb und außerhalb eines Buches. Phantastische Geschichten und wilde Kreaturen vermischen sich mit Alltagsgeschwätz und Schaukeln im Park. Für das kleine Mädchen wäre es keine Überraschung, wenn ihm auf dem Weg zum Kindergarten ein Riese begegnete, der an einem Hochhaus knabberte.

Irgendetwas ist in dem faszinierten Kind angestoßen, eine Verbindung zwischen Wort und Bild hergestellt. Noch ist sie schwach und betörend, wie ein französischer Sender auf Mittelwelle oder eine Dampflokomotive in weiter Ferne, aber sie ist gemacht. Das Wort »Hund« oder »Auto« oder was auch immer einem der Augenblick zuspielt, ist der Ausgangspunkt für ein lebenslanges Lesen, das entzündete Streichholz, das zu einem flammenden Inferno wird. Das Mädchen könnte jedes Nomen und jedes Adjektiv selbst erfunden haben, so groß ist seine Freude, während es einzelne Wörter liest und wiederholt. Diese Freude ist ansteckend, ein ursprüngliches Glücksgefühl, wie wenn jemand dir ein Eis kauft oder du das Wort »Echo« in einen Tunnel rufst.

Schon bald werden Buchstaben verbunden und Anführungszeichen verwandeln sich von herabstürzenden Trümmern in Stimmen. Die ganze

Zeit über folgt ein treuer Finger mit unregelmä-
ßigen Bewegungen dem Weg. Zufrieden sieht das
Kind seine Eltern an. Die Eltern ihrerseits messen
jedem dieser Momente besondere Bedeutung zu
und hängen eitlen Gedanken nach. Während sie
in eine gebildete und märchenhafte Zukunft blicken, schaltet das Kind den Fernseher ein und ruft
»Beine hoch!«. Aber der Anfang ist gemacht, und
nichts wird mehr sein wie vorher.

27

Ein Lieblingsbuch
wieder lesen

Die Anlässe sind fast immer spontan: die Lust auf sicheren Lesegenuss, eine enttäuschende Lektüre, die möglichst schnell aus dem Kopf verbannt werden soll, oder die zufällige Erwähnung des Buchtitels. Nur selten erfolgt das Wieder-Lesen eines Buches vorsätzlich, vielleicht weil ein leiser innerer Widerstand einen davon abhält, steht es doch dem Bestreben entgegen, so viele Bücher wie möglich zu lesen, und ignoriert den ständig anwachsenden Stapel der Neuerwerbungen.

Emotionale Bedürfnisse mögen ebenfalls daran beteiligt sein. Euphorische Phasen drängen einen nicht dazu, ein altes Buch in die Hand zu nehmen. Oft suchen wir beim Wieder-Lesen eine tröstende Umarmung statt eines High-Five. Wir wollen zu dem zurückkehren, was wir kennen. Ein Buch, das uns bereits als Teenager Trost gespendet hat, wird uns auch in Momenten des Zweifels als Erwachsener Zuflucht gewähren. Oder einsame Zeiten führen uns zurück zu einer vertrauten Figur.

Wenn wir das Buch aus dem Regal ziehen und in der Hand halten, fühlt sich dies an wie eine Heimkehr. Der Buchrücken ist von lauter gezackten Blitzen überzogen, und die Seitenränder wellen sich wie die Tapete in einem Spukhaus. Der Einband ist übersät mit feinen Narben und Krampfadern. Dies ist ein Buch, das einem so viel bedeutet wie einst die Schmusedecke oder ein abgewetzter Teddy. Vielleicht hat man es tatsächlich in jungen Jahren das erste Mal gelesen. Oder man hat es erst vor einigen Jahren gelesen, und dann später noch einmal und anders. Von der Last befreit, der Romanhandlung folgen zu müssen, ist plötzlich Raum da, sich intensiver an den Figuren, den Feinheiten und der Sprache zu erfreuen. Wenn man rein zum Vergnügen liest, entdeckt man zuvor übersehene Kunststückchen, versteht Anspielungen und genießt Beispiele feinen Humors. Die Sorge, dass die erneute Lektüre eines Buches weniger genussvoll ist als beim ersten oder neunten Mal, erweist sich in den meisten Fällen als unbegründet.

Während Neues im Alten zu finden ein ganz besonderes Vergnügen ist, resultiert die Freude beim Wieder-Lesen eines Buches aus dem allgemeinen Gefühl der Vertrautheit. Die Art, wie es in der Hand liegt, der kurios anmutende Preis von £4.50 bis hin zum Sprachrhythmus des Autors, das alles vermittelt ein Gefühl von Dauer und Beständigkeit. Unser Leben hat sich verändert, *wir* haben uns verändert, aber vor uns sehen wir die gleichen bezaubernden Worte in der gleichen perfekten Anordnung. Das wieder gelesene Buch wird zu einem Anker, selbst wenn es uns heute auf andere Weise tröstet. Wir beginnen erneut ein freundliches Gespräch mit einem ehemaligen Lehrer, wobei wir uns diesmal mit Vornamen anreden. Vieles werden wir vergessen haben, an noch mehr werden wir uns erinnern, aber das großartigste Gefühl ist das der Rückkehr an einen sicheren Ort.

28

Wenn es im Kopf
klick macht

Das Buch hat dir eine Tür geöffnet, dich auf einhundert Seiten oder mehr durchs Haus geführt. Du hast verschiedene Figuren kennengelernt und ihnen in deiner Vorstellung ein bestimmtes Aussehen und eine eigene Stimme gegeben. Diese Leute haben dich in ihre Wohnzimmer eingeladen, und du bist mit ihnen durch die Stadt spaziert. Ihre Umgebung ist dir vertraut geworden – ihr Büro, ihre Lieblingsbar, ihre Nachbarschaft, die Landschaft ringsum. Du weißt, dass der Wachmann im Büro lispelt, dass das Barmädchen furchtbare Gedichte schreibt, dass die Familie in Nummer 18 an einem Zeugenschutzprogramm teilnimmt und dass man in zwanzig Minuten in einer bezaubernden von dunklen Rändern begrenzten Landschaft ist.

Alles scheint klar, und doch siehst du wie mit einem Fernglas durch dichten Nebel. Alle Wach-

samkeit vermehrt nur die Undurchsichtigkeit –
das Lispeln, das Barmädchen, die Familie oder die
Landschaft mögen sehr wohl wichtige Hinweise
auf das folgende Geschehen enthalten, auch wenn
es sich vermutlich eher um Störmanöver handelt.
Mit jeder Zuspitzung und Öffnung der Handlung
wird es schwerer, geradeaus zu sehen und sich
vorzustellen, worauf die Geschichte hinausläuft.
Der Autor verwickelt gekonnt die Handlungs-
fäden, dreht hier und da an Rädchen und fügt
neue Ebenen hinzu. Zwischen den Figuren fallen andeutungsvolle Äußerungen, aber dennoch
macht sich eine wachsende Frustration in dir
breit. Du beginnst sogar, dir selbst die Schuld
zu geben – *welchen wichtigen Hinweis habe ich
verpasst?* – oder wahllos auf den Ausgang zu spekulieren, wie ein blinder Bettler, der angestrengt
auf das Klimpern der Münzen in seinem Becher
lauscht.

Der Verdruss, den dieses unbarmherzige Ver-
wirrspiel mit sich bringt, ist absolut notwendig.
Das Herz hämmert in deiner Brust, und die Spannung steigt immer mehr, bis es plötzlich klick
macht und alles einen Sinn ergibt. Die Erlösung
durchzuckt einen wie ein Stromstoß, und die zuvor erlittene Frustration erscheint mit einem Mal

gerechtfertigt. Der Killer, das Superhirn, der Geliebte oder der tatsächliche Vater geben sich zu erkennen, und wir können wieder normal atmen. Wir denken vielleicht »ohhh« oder »ahhh« oder fluchen womöglich: das Lesen hat seine ganz eigenen pantomimischen Laute. Der Moment der Offenbarung kann aber auch zu Tränen führen angesichts einer furchtbaren Erkenntnis oder einer tödlichen Wendung, noch mehr spontanes Theater nach vielen Seiten der stummen und hochkonzentrierten Lektüre. Einige Details gewinnen nachträglich an Bedeutung, vieles hingegen erweist sich als belanglos, nicht mehr als hübsche Staffage, wie es sie in jeder guten Geschichte gibt. Aber jetzt gehörst du zu den Eingeweihten.

29

Einen Prachtband kaufen,
der in kein Regal passt

E s ist nicht hoch genug einzuschätzen, dass extravagante, viel zu teure Bücher immer noch hergestellt werden. Dass sie nur wenige Käufer finden, spielt keine Rolle. Es sind Mauerblümchen, die unsere Seele erheben und uns ein Gefühl von Sicherheit geben. Wenn wir an ihnen vorbeigehen, ragen sie weit über das unterste Regalfach einer Buchhandlung hinaus oder sind wie Waschbetonplatten in Kunstgalerien übereinandergestapelt. Wenn sie mit viel Sorgfalt hergestellt werden, sind solche Bücher eine Hommage an die Fotografie, die Kunst, das Kartenwesen oder die Biographie eines Musikers.

In die Hocke zu gehen und einen dieser Bände in die Hände zu nehmen, fühlt sich an, als würde man eine edle und kostbare Reliquie hochheben. Die Hände bewegen sich langsam und vorsichtig, und man stellt sich vor, weiße Handschuhe zu tragen. Der Einband hat eine Oberfläche wie Samt oder Velourtapete, ganz anders, als man es von kleineren Formaten kennt, und wenn man mit dem Fingerknöchel dagegen klopft, klingt es wie ein altersschwacher Specht, obwohl der Titel mit frischer Entschlossenheit in warmen Gold- und Silbertönen aufgeprägt wurde. Zu Anfang des Buches findet sich ein langes Lesebändchen, das tief in den Rücken eingearbeitet ist und ihm eine gediegene Autorität verleiht, wie das Pendel einer Standuhr. Vor der ersten bedruckten Seite finden sich ein halbes Dutzend leerer Blätter, als folge man einer Zeremonie, die die Spannung noch steigern soll, wie die Zufahrt über einen Kiesweg zu einem prächtigen Palast. Die Juwelen im Inneren sind zahllos und einzigartig. Die Seiten sind üppig bebildert und so großzügig bemessen, dass der Inhalt nicht nur Platz zum Atmen hat, sondern sich in voller Pracht entfalten kann. Die Bilder und Illustrationen dienen hier nicht der Information; sie sind die Hauptattraktion.

Man kann solche Bücher nur langsam anschauen. Sie werden weniger gelesen als mit Muße betrachtet. Den Sprung zu wagen und tatsächlich eines zu kaufen, ist fraglos ein gewaltiges Unternehmen. Nie wird es eine Rechtfertigung für den Kauf eines

Bandes mit Pop-Art-Drucken für £ 40 geben, genauso wenig wie für die 50 Zentimeter hohe Anthologie der Filmfotografie, die in keine Plastiktüte passt. Gerade das macht die halbe Freude des Kaufes aus. Es ist hedonistisch, zumindest vom Standpunkt des Bücherkaufens.

Man klemmt sich das unförmige Buch irgendwie unter den Arm und legt es während der Busfahrt nach Hause auf den Nebensitz. Das Blättern in seinen Schätzen muss warten, aus Furcht, man könne beim Aufschlagen den Gegenübersitzenden verletzen. Zu Hause schleppt man das Ungetüm an seinen vorgesehenen Platz im Regal neben den anderen Folianten. Fast scheint es, als würde es mit der Schulter zucken und einem einen resignierten Blick zuwerfen, bevor man es horizontal neben oder vor dem Regal auf den Boden legt.

Über die Jahre wird man den Prachtband gelegentlich in die Hand nehmen – sie sind einfach so verdammt schwer zu lesen –, und vielleicht wird die der Sonne ausgesetzte Kante gelb anlaufen. Aber zu wissen, dass der Band zur Bibliothek gehört und man sich nicht scheut, einen so dekadenten Kauf offen zur Schau zu stellen, ist eine hübsche Sache.

30

Widmungen des Autors

Wenn man ein Buch öffnet, nimmt es auf den ersten Seiten langsam Fahrt auf. Das erste Blatt, mit Schmutztitel und Frontispiz, ist in der Regel leer, gefolgt von einer Seite, die den Titel, den Untertitel und den Namen des Autors enthält. Dann kommt eine Liste mit weiteren Titeln des Autors und kursiv gesetzten Auszügen aus Pressestimmen zu diesem oder anderen Büchern des Autors.

Blättert man weiter, folgen auf diese eher dekorativen Informationen die wirklich ernsten und wichtigen Fakten in kleiner Schrifttype: die Daten der Erstveröffentlichung und weiterer Reprints, die Bestätigung der Urheberschaft und der Dank für die Abdruckgenehmigung von Auszügen aus anderen Werken, die imposanten Adressen von Verlagshäusern, der Hinweis auf die Aufnahme in den Neuerscheinungskatalog sowie ellenlange ISBN-Nummern, Informationen zu Satz und Schrifttype und der Name der für Druck und

Bindung zuständigen Firma. Wenn diese Auflistung des Produktionsprozesses zumeist ungelesen bleibt, so gibt es dafür einen guten Grund – oft findet sich auf der gegenüberliegenden Seite die Widmung des Autors, in der Regel ein faszinierendes und gelegentlich auch bewegendes Detail. Mag sie auch nur aus zwei oder drei Wörtern oder einer einzigen Zeile bestehen, so bietet sie Anlass für manch müßige Spekulation, Neugierde und manchmal auch Trauer. Welche Reaktion auch immer sie beim Leser hervorruft, eine Widmung schafft eine enge Verbindung zwischen Autor, Buch und Leser.

Eingeleitet mit dem unverfänglichen Wort »Für« folgt ein Bruchstück der Biographie des Autors, das beim Leser Bilder heraufbeschwört. »Für meine Eltern« findet sich gewöhnlich in den frühen Werken eines Autors und lässt vor unseren Augen das Bild eines älteren Paars entstehen, das den Sohn oder die Tochter ermuntert und sich vermeintlich keine Sorgen macht, wenn er oder sie den Job aufgibt, um einen Roman zu schreiben. »Meiner geliebten Marie, für alles« deutet auf eine aufopferungsvolle Frau hin, die die Druckfahnen liest und die Stimmungsschwankungen des Autors geduldig erträgt.

Alles, was bloße Initialen enthält – »Für S. R.«, »Für J. H. B.« –, birgt ein Geheimnis, das durch einen Zusatz wie »Du weißt warum« oder Ähnliches noch vergrößert wird. Eine geheime Botschaft des Autors an den Empfänger der Widmung stachelt unsere Neugierde an, und wir wünschten, wir wären eingeweiht. Manchmal ist ein Buch auch einem Zeitalter, einer Epoche oder den Anhängern einer bestimmten Musikrichtung gewidmet. Vielleicht entspricht dies einem innigen Bedürfnis des Autors. Vielleicht hat er aber auch nur deshalb sein Buch nicht einer Einzelperson gewidmet, um nicht Dutzende andere zu kränken. Die längste Zeit verbringt ein Leser mit Widmungen, die mit »In Erinnerung an« beginnen oder jemandes »in tiefer Zuneigung« gedenken. Die Seite wird zu einem Mahnmal aus Papier, einem Ort, an dem der Leser innehält und zu Recht Tränen für jemand vollkommen Unbekannten vergießt. »Für Olivia. 20. April 1955–17. November 1962« lautet Roald Dahls Widmung in *Sophiechen und der Riese.*

Dieser schlichte Auftakt führt Buch und Leser enger zusammen, noch ehe die Lektüre überhaupt begonnen hat. Es ist ein letzter Hinweis auf die reale Welt und ein letzter Blick in den Rückspiegel, bevor uns die Geschichte davonträgt. Später träumen wir vielleicht davon, dass eines Tages unser eigener Name mit dem Zusatz »In tiefer Dankbarkeit« oder, besser noch, als geheimnisvolle Initialen an dieser Stelle in einem Buch stehen werden.

31

Lesen im Pub

Die Lektüre in einem Pub ist ein ganz besonderer Genuss. Zeit zu haben und sich auf die
Suche nach dem richtigen Pub machen zu können,
ist ein seltenes Vergnügen. Es ist wie ein unver-
hofftes Geschenk, eine Flucht aus dem Alltag –
ein Termin wurde abgesagt, man befindet sich
auf Geschäftsreise fernab von zu Hause und hat
plötzlich einen ganzen Abend für sich.

Die Wahl des Pubs ist entscheidend. Der Zauber kann sich nicht in einer Bar entfalten, in der
die Musik im Vordergrund steht. Ein Pub voller
Menschen in Feierlaune kommt ebenso wenig infrage; ideal ist eine Handvoll Stammgäste, die sich
unaufgeregt unterhalten. In die Jahre gekommene
Etablissements mit mehreren Räumen sind wün-
schenswert, einen bequemen Stuhl und ein knis-
terndes Kaminfeuer zu fordern wäre gierig. Der
Sitzplatz sollte mit Bedacht gewählt werden. Wer
sich hinter einem Pfeiler oder einem verstaubten

Klavier versteckt, signalisiert, dass er nicht gestört werden möchte und diesen Ort der Geselligkeit aufgesucht hat, um der Gesellschaft zu entfliehen. Man möchte weder nach seinem Wohlergehen befragt noch von irgendeinem Menschen mit Kommentaren über das Wetter behelligt werden, die in endlose Monologe ausufern. Als Beleuchtung genügt gedämpftes Licht oder sogar der Schein einer Kerze, die die Seiten in den bronzefarbenen Ton einer Schatzkarte taucht.

Auf geheimnisvolle Weise *passen* Pub und Buch ideal zueinander. Ein Taschenbuch in der einen und ein Pint in der anderen Hand (und obendrein eine Tüte Chips im Mund, um sie mit den Zähnen aufzureißen) sind der Himmel auf Erden. Es scheint, als gehörten diese Dinge zueinander wie die Requisiten eines Rituals. Für jemand anderen mögen es Café und Buch sein, oder auch eine Mahlzeit und Buch – es gibt wahrhaftig schlechtere Gesellschaft. Egal, wo man sich befindet oder was man trinkt, die Lektüre weniger Zeilen und der erste Schluck bewirken Wunder. Schultern lockern und Füße entkrampfen sich wie Knospen in einer Naturdokumentation, die sich im Zeitraffer öffnen. Ein weiterer Schluck, und die Augen tanzen beschwingt über die Zeilen. Zwei chemische

Prozesse verbinden sich zu Alchemie. Ehe man sich versieht, ist man tief in seiner Lektüre versunken. Jegliches Gefühl für Zeit und Ort gehen verloren, bis das Glas leer ist und man sich der plötzlich aufbrandenden Geräusche zu erwehren versucht. Auf dem Weg zur Bar hängt man in Gedanken der Lektüre nach und hat das Gefühl, in einer anderen Welt zu sein.

Dieses Empfinden hält an, bis man sich schließlich erhebt, unwillig wie ein Junge auf dem Schulweg, und in die reale Welt zurückkehrt, sich fragend, wann einem dieses außerordentliche Glück das nächste Mal zuteil wird.

32

Der neugierige
Blick nach der Lektüre
anderer Leute

Dreh den Kopf im Bus kurz zur Seite. Wirf einen flüchtigen Blick über den Tisch im Zug. Spähe in der Kantine über den Rand deines Buches. Schiele am Pool hinter deiner Sonnenbrille hervor. Sieh unauffällig hin, während du an einer Parkbank vorbeigehst. Blicke in der Schlange im Café deinem Vordermann unverwandt über die Schulter. Aber lass dich nur nicht erwischen.

Herauszufinden, was andere lesen, ist für einige von uns zwanghaft. Eine wohlwollende Kraft lenkt unsere Blicke automatisch auf die fremde Lektüre. Dahinter steckt eine gewisse Art von angeborener literarischer Neugierde, das Bedürfnis, hinter den Vorhang zu blicken. Man urteilt über die Lektüre eines Unbekannten und hat vielleicht sogar das Gefühl, dass diese Wahl viel über seinen

Charakter verrät. Einige Titel sind unbekannt, andere wohl vertraut. Der Blick auf ein Taschenbuch, das man selbst gelesen hat, mag einem das Gefühl geben, einer verwandten Seele zu begegnen, und vielleicht möchte man rufen, »Das habe ich auch gelesen!«, aber natürlich macht man das nie. Gemeinsame Lektüren unter Fremden sind ein stummes, unausgesprochenes Band. Um welches Buch es sich auch handeln mag, es stiftet eine unausgesprochene Verbindung zum anderen Leser.

Auch wenn es sich oft nur um ein flüchtiges Erlebnis handelt, entwickelt man am Pool oder hinter einem lesenden Vordermann in der Bahn ein anhaltendes Interesse. Ein unbeabsichtigter, argloser Voyeurismus erlaubt einem Beobachtungen darüber anzustellen, wie andere lesen. Wie schnell und wie konzentriert sie lesen oder welche Gegenstände sie als Lesezeichen benutzen, ergeben kurzweilige und sporadische Einblicke in das Verhalten unserer Spezies. Die Art, in der wir lesen, wird nur selten untersucht. Eine solche Spionagetätigkeit mag also zu ersten zögernden Antworten führen, hoffentlich aber nicht zu einem Kontaktverbot.

Am nächsten sind uns die Leser, denen wir regelmäßig in unserem Alltag begegnen: der Mann

mittleren Alters, der im Bus Nr. 42 Spionage-
romane liest; die polnische Putzfrau im Büro, die
mehr englische Klassiker liest als jeder Engländer;
die Kellnerin, die morgens und abends arbeitet
und ihre langen Nachmittage mit Krimis auf einer
Karodecke im Park verbringt. Menschen wie ihnen begegnen wir überall im Alltag, und die Wahl
ihres nächsten Buches wird selbst zum Teil einer
Geschichte, die den Spion und die beobachtete
Person miteinander verbindet. Ein versehent-
licher Blick trifft uns über die Lektüre hinweg,
aber anstatt eines Vorwurfs, formen sich die Lip-
pen zu einem feinen Lächeln ...

33

Büchernarren, die im
Chaos ihrer Bibliothek ein
bestimmtes Buch suchen

Ich weiß, dass es irgendwo hier ist«, bellt er.
Er kniet aufrecht auf dem Boden und wendet
dir den Rücken zu, die Hände in die Hüften ge-
stemmt. Er sucht nach einem bestimmten Buch,
dessen Titel ganz am Rande der Unterhaltung
zufällig fiel. Dennoch muss es augenblicklich gefunden und dir geliehen werden, und deshalb geht
der Blick links und rechts immer wieder auf und
nieder, wie bei einem aufgezogenen Spielzeug.

Auf den Knien rutscht er zu einem Stapel hinter einem anderen Stapel, inspiziert dabei kurz
einige vergessene Bände am Boden, macht sich
eine Notiz im Kopf, sie demnächst genauer zu
untersuchen, um sich dann von oben nach unten
durch den Stapel zu arbeiten, Penguin-Ausgaben
und Gesammelte Briefe um sich werfend. Die
Suche muss weitergehen. Das Buch zu finden, ist

zu einer Obsession geworden. Von deinem Platz in der Tür wendest du ein, »Es ist nicht weiter schlimm. Ich kann es auch online finden«, aber dein Gegenüber stellt sich entweder taub oder dreht dir den Kopf zu, um das gesamte Internet mit einem vernichtenden Blick in die Wüste zu schicken. Ein Schalter wurde umgelegt, und es geht nur noch darum, dieses Buch zu finden, es kurz durchzublättern, dir zu übergeben und die ganze Sache abzuhaken.

Der Suchende kann ein entfernter Verwandter oder ein Freund der Familie sein, mit dem ein Großteil der Verwandtschaft keinen Kontakt mehr pflegt. Es kann jemand sein, den man mit konkreten Forschungsabsichten oder auch nur aus nachbarschaftlicher Neugier besucht hat. Der Ort des Geschehens kann überall sein, in einem winzigen Gästezimmer oder in der »Bibliothek« eines georgianischen Herrenhauses. Mindestens drei Wände sind mit Regalen zugestellt und deuten darauf hin, dass hier vor langer Zeit einmal eine gewisse Ordnung geherrscht hat. Auf jeder sorgfältig im Regal eingestellten Taschenbuchreihe liegen Leinenbände, Anthologien und alte Atlanten. Dabei handelt es sich um jüngere Erwerbungen, die sich wie neue Zivilisationen über den alten erheben.

Auf dem Fußboden türmen sich weitere, sich gefährlich neigende Bücherstapel. Vielleicht sind darunter noch andere Objekte begraben – Papiere, Kunstwerke, Möbelstücke, Ehefrauen –, aber der Raum hat sich der Flut der Bücher ergeben; großartige, verschwundene Bücher.

Endlich hat er es entdeckt. »Na also!« oder »Ich hab's ja gesagt!« oder andere freudige Kommentare begleiten den Fund. Der gewellte Band mit kritischen Essays oder die unscheinbare Gedichtsammlung kehrt in unsere Gegenwart zurück, heraufgeholt aus einer zeitlosen Unterwelt und unserer trauten Obhut übergeben. Erleichtert und zufrieden lädt sein Besitzer dich zu einem heißen Getränk ein. Du pustest den Staub vom Buchrücken, niest und nimmst dankbar an.

34

Jemandem von einem Buch vorschwärmen

Bücher sind niemals ganz zu Ende. Sie bleiben bei dir, gute wie schlechte, und tauchen ganz unverhofft in deinem Geist auf. Jahre später treibt die schwache Glut einer Zeile plötzlich durch dein Bewusstsein, oder ein Ort, den du nur in der Lektüre besucht hast, flackert auf. Der Name einer literarischen Figur steigt aus der Tiefe der Erinnerung wie der eines ehemaligen Klassenkameraden. Bücher schlagen Wurzeln. Die Veränderungen durch ein Buch sind minimal und manchmal nur flüchtig, aber nach der Lektüre ist man nie genau der gleiche Mensch, der man zu Beginn war.

Am deutlichsten und lebendigsten ist dieses Gefühl in den ersten Tagen, nachdem man ein gutes Buch verschlungen hat. Es verfolgt einen in Gedanken, und man wünscht sich beinahe, man könne die Zeit zurückdrehen und die Lektüre sei noch nicht vorbei. Das Buch ist in dein Bewusstsein eingesickert, sein Rhythmus begleitet dich weiterhin. Du brauchst irgendein Ventil, und deine Begeisterung einem anderen mitzuteilen, hilft, das Brodeln in deinem Innern zu besänftigen. Es ist wie eine therapeutische Autopsie und eine Gelegenheit, den Worten offiziell Lob zu zollen, die bisher nur eine Art stiller innerer Freude ausgelöst haben.

Der Empfänger deiner Elogen muss sorgfältig ausgewählt werden. Also eher ein Freund, von dem du sicher bist, dass er deine Leidenschaft und ihre Ursache versteht, als der alte Mann vor dir in der Schlange an der Supermarktkasse. Und du musst zumindest so tun, als sei dein Vortrag zu seinem Wohl, wie bei einem Missionar, der mit dem Buch in der Hand die frohe Botschaft verkündet. Die Gefahr ist groß, dass deine wohlüberlegte Fürsprache in sinnloses Gebrabbel umschlägt, aber es handelt sich hier um ein leidenschaftliches, ganz und gar parteiisches Plädoyer und nicht um eine kritische Auseinandersetzung. Der eine Satz »Es ist schlichtweg grandios« ist wahrer als hundert halbherzige Urteile in der Presse. Vielleicht vertauschst du Ort und Zeit und stellst haarsträubende Behauptungen auf, aber dein Fanatismus ist so groß, dass du, wenn du endlich fertig bist und nach Luft schnappst, deinen Zuhörer von dem Buch überzeugt hast. Der Funke ist übergesprungen, und die Bürde lastet nun auf seinen Schultern – genieße die Lektüre, oder unsere Freundschaft sei des Teufels. Das Bedürfnis, zu teilen und einen neuen Leser zu bekehren, ist erfüllt.

Die Reihe mag sich fortsetzen, dein Exemplar von diesem zum nächsten weiterwandern, mit bestoßenen Kanten und noch mehr Eselsohren. Und du bleibst nicht nur mit dem Gedanken an die fest in dir verankerte Geschichte zurück, sondern auch mit der beglückenden Erkenntnis, dass deine Leidenschaft für Bücher in all den Jahren nicht nachgelassen hat.

35

Druckfrische Bücher

Das neue Buch ist wie eine Steintafel aus dem Paradies. Nur wenige Objekte sind so genussvoll zu betasten. Seine Fläche und seine Kanten sind zugleich üppig und rau und zeugen von hoher Handwerkskunst. Die Ecken sind noch unbiegsam, der Einband glatt wie eine frisch polierte Eisbahn. Fährt man mit dem Daumen über den Außensteg eines neuen Buches, fühlt es sich an, als würde man über eine Tafel Minzschokolade streichen. Der Geruch ist intensiv und berauschend, nach Karton und Papier, noch gänzlich frei von allen Umwelteinflüssen.

Das neue Buch erinnert an ein Stück fein geschnitzter Eiche, das bündig in der Hand liegt und sich natürlicher anfühlt, als von einem menschengemachten Gegenstand zu erwarten wäre. Sein Rücken ist noch unversehrt von Schrammen, Flecken oder feinen Adern, eher ein Krankenhausflur als ein Gartenweg, die Gelenke gespannt wie Mäusefallen. Schlage es auf, und die Farbe der Seiten ist wie das Fell von im Frühling geborenen Lämmern.

Jede Seite wartet darauf, verschlungen zu werden. Das neue Buch verheißt Möglichkeiten und Versprechen. Es liegt in deiner Hand, eine muntere Seele, bereit, dich auf ihre Schultern zu nehmen und dich in unbekannte und nie gesehene Reiche zu entführen. Gemeinsam seht ihr einem Abenteuer entgegen. Nie zuvor hat jemand diese Worte gesehen – sie erwarten deine Blicke, aufgereiht in der Dunkelheit, bis du den Buchdeckel hebst und sie von der plötzlichen Helligkeit geblendet werden.

Jedes neue Buch ist ein Geschenk an dich selbst, ein notwendiger Luxus. Einen Augenblick hältst du es betrachtend in der Hand, bevor der wahre Hochgenuss beginnen kann.

36

Die Buchrückseite

Die Rückseite eines Buches sieht man sich erst dann an, wenn einem die Vorderseite gefallen hat. Sie bleibt unsichtbar, oft mit dem Gesicht zur Wand wie ein ungezogener Schuljunge, bis jemandes Interesse geweckt ist und er das Buch aus dem Regal nimmt. Die Vorderseite sucht unmittelbaren Blickkontakt, die Rückseite ist ein erstes Gespräch.

Wenn man das Buch in die Hand nimmt und umdreht, fällt der Blick auf eine festlich gedeckte Tafel, bei der alles an seinem Platz ist. Es hat etwas von der stillen Geborgenheit eines Sonntagsbesuchs als Kind im Haus der Großeltern: Alles ist so wie immer und wie es sein soll. Jeder sitzt an seinem angestammten Platz auf Möbelstücken, die am Boden festgeschraubt scheinen.

Die einzelnen Teile der Buchrückseite sind ebenso unverrückbar und wohlvertraut. Natürlich sind sie dazu da, das Buch zu verkaufen, aber mit der leisen Stimme der Überredung. Oft gibt es ein anerkennendes Zitat eines anderen Autors oder aus einer Zeitungskritik, schwärmerisch wie von einem Fan, aber niemals mit dem aufdringlichen Ton eines Marktschreiers. Zwei oder drei größer gedruckte Zeilen geben einen kurzen Einblick in den Inhalt, ohne dass man gezwungen wäre, den folgenden, in Standardgröße gedruckten Klappentext zu lesen, der ebenfalls mit allerlei wohlwollenden und freundlichen Adjektiven wie »bewegend« oder »mitfühlend« gespickt ist.

Im unteren Teil finden sich die unverzichtbaren Standardinformationen: eine nüchterne Bezeichnung des Genres als Hilfe für den Verkäufer, z. B. »Radfahren / Reisen«, damit die Aushilfskraft weiß, wo im Regal das Buch einsortiert werden muss; die kryptischen Zahlenfolgen und monochromen Balken der ISBN; der ganz am Rand versteckte Verkaufspreis, allerdings nicht im Sinne des gefürchteten Kleingedruckten, sondern wie eine geflüsterte Entschuldigung, dass etwas so Erhabenes wie ein Buch als Handelsware betrachtet wird; und schließlich die Angaben zum Verlagshaus, was eine gewisse Solidität ausstrahlt, auch wenn es dem Leser nicht bekannt ist. Alle diese Dinge sind wie eine Art Ausweis am Revers, auf dem die wichtigsten Daten eines Buches kurz und bündig zusammengefasst sind. Ihr Vorhandensein auf jedem Buch, das wir eventuell lesen möchten, befriedigt das menschliche Bedürfnis nach Beständigkeit und Sicherheit.

Die Buchrückseite mag im Schatten seines lauteren größeren Bruders auf der Vorderseite stehen, aber während letzterer sinnliche Lust und Verlockung verspricht, besitzt ersterer Gewicht und Substanz. Beide versuchen Buch und Leser so nahe in Kontakt zu bringen, dass daraus eine Liebesbeziehung entstehen kann.

37

Lesen in öffentlichen Verkehrsmitteln

Es kann sich um die täglichen fünfundvierzig Minuten Fahrt zur Arbeit handeln, um eine siebenstündige Reise mit dem Intercity oder den Flug in die Ferien. Die Knie sind gebeugt und die Füße ruhen auf dem Boden, zwei Fuß über der Fahrbahndecke oder zehntausend Fuß in der Luft. Der Sitz mag mit Mokett oder Leder bezogen sein, jetzt ist der Augenblick gekommen, Terminkalender außer Kraft zu setzen und die Uhren anzuhalten.

Das Aufschlagen eines Buches bedeutet, sich aus der Welt zurückzuziehen. Ellbogen werden vorsichtig zurechtgerückt, das Lesezeichen gesucht, das Buch in den Schoß gelegt, die Seiten mit den Fingerknöcheln flachgedrückt und die richtige Leseentfernung hergestellt. Die Wirbelsäule stößt unsanft gegen die Rückenlehne des Sitzes. Doch man kann sich aus seiner tristen Umgebung fortzaubern. Ein aufgeschlagenes Buch lässt die Umwelt mit einem Schlag verschwinden und versetzt einen in die himmlische Einsamkeit einer fernen Welt. Arbeitskollegen mögen auf ihre Chefs schimpfen, Nachbarn Geschichten von Krankheit und Tod austauschen und krakeelende Familien um Aufmerksamkeit buhlen, aber alle diese Ablenkungen werden wie lästige Fliegen verscheucht, während unser Blick über die Zeilen gleitet. Ein Buch kann eine Antenne sein, die ein Signal aussendet, das nur von einem einzigen Menschen empfangen wird, und zugleich ein »Bitte nicht stören«-Schild an der Hotelzimmertür.

Die Zeit verliert an Bedeutung. Das Lesen passt sich dem ratternden Rhythmus der Fahrt über die Gleise an, die Augen folgen ihrem eigenen Gleis, jeder Halt und jedes Manöver markiert einen Abschnitt außerhalb der Buchseite wie beim Stop-and-go einer schnaufenden keuchenden Busfahrt. Selbst das Ruckeln und Stoßen im Flugzeug erreicht einen nur noch gedämpft, sobald man in seine Lektüre eingetaucht ist.

Der Gesichtsausdruck ist ernst und zugleich abwesend. Man hat das Fahrzeug verlassen. Einzig aufdringliche, ungehobelte Mitreisende oder die Angst vor Verspätungen und Unannehmlichkeiten können zu einem durchdringen und den Zauber brechen. Oder auch auf ganz andere Art die behagliche Wärme in einem Bus, wenn einen der Schlaf einholt und einem unweigerlich die Augen zufallen. Die Bilder und Gestalten eines Buches sickern in den Schlaf ein und befeuern die wundersamsten Träume.

Wenn einem das Bewusstsein wie aus weiter Ferne zuflüstert, dass man seinen Ausstieg verpasst, wird das Buch zugeschlagen und man kehrt jäh zurück in die Realität. Aber schon jetzt freut man sich auf die Heimfahrt.

38

In einen Atlas eintauchen

Manche Bücher versetzen uns zurück in die Zeit kindlichen Staunens: großformatige Folianten mit kunstvollen Illustrationen und Querschnittszeichnungen, die einem das »Wie« und »Warum« erklären; prall gefüllte Jahrbücher voller Weltrekorde, Verschwörungen und kurioser Fakten; und Comic-Sammelbände, deren Sprechblasen Gefahr und Heldentaten verheißen. Am verführerischsten aber ist der Atlas.

Man greift zu dieser Welt zwischen zwei Buchdeckeln, wenn man unbedingt nachprüfen muss, wo Chichester liegt. Der Blick schweift über England, bleibt an Eastleigh hängen und folgt von dort der schwarz gepunkteten Linie einer Eisenbahnstrecke entlang der Küste über Portsmouth, Brighton und Hastings, springt im nächsten Moment hinauf nach Norfolk, Hull und Scarborough, jeder Ort mit Bildern an bestimmte Erlebnisse, Urlaubstage, eine Person oder einen Aprilnachmittag verbunden, wie Karteikarten, die unschätzbare oder vage Erinnerungen heraufbeschwören. Um sich davon loszureißen und anderswo aufzuwachen, blättert man rasch im Atlas weiter.

Die Beschriftung am rechten oberen Rand verkündet »Belgien, die Niederlande und Deutschland«. Solche doppelseitigen Karten sind gespickt mit Details und Informationen, dicht aneinander gedrängte Namen machen sich gegenseitig den Platz streitig und ringen um Aufmerksamkeit. Hellviolette Grenzlinien rinnen ungehindert herab, an die Handrücken alter Männer erinnernd, und blutrote Straßen verlaufen kreuz und quer über die Seite. Bei den Stadtplänen zeugen der halbkreisförmig angeordnete Grachtengürtel von Amsterdam, das strenge Schachbrettmuster der Straßen von Toronto und das kunstvolle Chaos von Paris von den Unterschieden und der Vielfältigkeit der Menschen. Zukünftige Reisen und Abenteuer scheinen auf, während wir mit dem Blick auf der Karte durch Stadt und Land streifen. Einige davon werden eines Tages zu festen Plänen reifen und Träume wahr werden lassen.

Weiter geht die Reise auf dem Papier zu den verschiedensten Orten. Über Murmansk oder Pittsburgh oder zu den glühendheißen Städten im Westen Australiens, verbunden mit der Frage, wie die Menschen dort leben. Wir stellen uns Menschen vor, die arbeiten, umhereilen, sich küssen, ihre Ziele verfolgen, gänzlich unbekümmert um uns, unsere Sorgen und Träume. Unsere Wege werden sich niemals kreuzen, aber ein Atlas ermöglicht zumindest einen phantasievollen, sehnsüchtigen Blick. Er verwandelt uns in einen Romanautor, der einen Schauplatz auswählt und eine Figur entwirft, einen einsamen Matrosen, der auf einem Containerschiff über das leuchtende Blau des Atlantiks fährt, oder gar einen vor Angst erstarrten Kletterer in den rostbraunen Gebirgsketten der Anden. Ein noch größeres Glück, wenn man in einem alten Atlas blättert, voller längst vergangener Länder und Vorstellungen, die um ein Wiedererstehen in der Phantasie wetteifern.

Auf Fingerspitzen spazieren wir um die Welt. Der Atlas bringt frischen Wind in unser festgefahrenes Denken und führt uns zu versteckten Flüssen im Dschungel, spiegelnden Seen und geschäftigen Flughafenterminals. Der unendliche Detailreichtum seiner Seiten vermittelt uns das wohltuende Gefühl, Teil von etwas Großartigem zu sein. Es sind hypnotische Blätter der Faszination. Lernen wir wieder zu staunen.

39

Doubletten beim Einzug
in die gemeinsame Wohnung

Da stehen sie nun, die vielen gelbbraunen Kartons, aufgereiht vor einer kahlen Wand. Jeder unterschiedlich groß, einige davon aus dem Supermarkt, andere vom Umzugsunternehmen und wieder andere vom letzten Umzug. Kartons, auf denen mit Filzstift »Handtücher« steht, werden von schwereren Kartons mit der Aufschrift »Küchenutensilien« eingedrückt. Eine Fusion ist im Gange. Doppelte Dosenöffner, Zahnbürstenhalter und Wäschekörbe werden zu einem.

Wenn alles ausgeladen ist, knallt die Wohnungstür zu und lässt euch mit gemischten Gefühlen von Unbeschwertheit und Bangen zurück. Mit dem Rücken an der Wand rutscht ihr langsam zu Boden, bis ihr auf abgewetzten Dielen und staubigen Fußleisten sitzt. Eine Stunde später, nach einem Imbiss von der Straße und einem Bier, umgibt euch ein Schleier wohliger Wärme. Die Welt fühlt sich leicht verschwommen, aufregend und gerade richtig an, um Musik an zu machen und die ersten Bücherkartons auszupacken.

In die Freude mischen sich aber auch Nervosität und ernste Fragen. Vielleicht ist es das erste Mal, dass man mit jemandem zusammenzieht, der nicht zur Familie gehört. Spannungen lauern in Schuhschränken und Sockenschubladen. Da Bücher möglicherweise zu den Dingen gehören, die euch zusammengebracht haben, ist die gegenseitige Vorstellung eurer Sammlung mit gewissen Ängsten verbunden. Vielleicht werdet ihr nie wieder der Gründung einer Stieffamilie so nahe kommen. Wie wird sich seine beunruhigend umfangreiche Sammlung von Eisenbahnbüchern mit deinen Gesammelten Werken von Thomas Hardy vertragen? Sollen beide Bestände miteinander vermischt oder getrennt ins Regal gestellt werden, mit dem zusätzlichen Vorteil eines sauberen, klaren Schnitts, sollte es zum Schlimmsten kommen?

Fühlt sich die Einrichtung einer gemeinsamen Bibliothek richtig an, stehen die Zeichen für eure Beziehung gut. Sämtliche Bücherkartons werden geöffnet. Einer nach dem anderen verlassen zwanzig Zentimeter hohe Romane und sieben Zentimeter dicke Biographien in anhaltender Prozession ihre vorübergehende Herberge. Die Bücher werden sortiert – seine Romane zu deinen, deine Sachbücher zu seinen – und anschließend mit viel Akribie ins Regal geräumt, was ohne Weiteres eine ganze Nacht dauern kann. Etwa alle halbe Stunde ruft einer von euch »Na so was, doppelt!« oder »Das hab ich auch!«. Viele der Titel kanntest du schon, andere nicht, aber alles fühlt sich konkreter und greifbarer an, jetzt wo die Doppel sich gefunden haben. Diese kurzen Momente der Zusammenführung fühlen sich an wie Vorboten einer geordneten Zukunft. Eure neue Wohnung verwandelt sich rasch von einer Räuberhöhle in ein behagliches Nest. Alles wird gut.

40

Bücher verschenken

Was tun, wenn man auf die Schnelle ein Geschenk braucht? Eine quälende Furcht ergreift den Schenkenden, nicht zuletzt an Weihnachten, wenn Listen aufgestellt und wieder verworfen werden. Ein unüberlegtes Geschenk reicht aus, um eine Freundschaft oder Familienbeziehung infrage zu stellen. Es ist gerade so, als würde man dem Empfänger etwas Böses wollen, selbst wenn sein höflicher Blick Dankbarkeit vortäuscht. Ein Buch zum Geschenk zu machen, verringert die Wahrscheinlichkeit eines solchen Fehlgriffs und vermittelt dem Schenkenden ein beglückendes Gefühl, als sei er ein gütiger Mönch, der wortlos seinen Segen spendet und sich wieder zurückzieht.

Hin und wieder folgt das Buchgeschenk einem direkten Hinweis, oft begleitet von den Worten, »Aber du brauchst mir dieses Jahr nichts zu schenken«, oder einer Andeutung im Gespräch.

Jenseits solcher Auskünfte, erfordert die Wahl des richtigen Buches eine ausgewogene Mischung von Verstand und Gefühl, häufig verknüpft mit einer Rückversicherung beim Partner oder der Partnerin des Beschenkten. Es folgt der Gang in die Buchhandlung, wo zunächst zwei oder drei potenzielle Kandidaten in die engere Auswahl kommen. Sie werden nebeneinander auf einen der Büchertische gelegt und wie bei einer Viehauktion genauestens in Augenschein genommen, bevor nach reiflicher Überlegung die Entscheidung fällt. Auch wenn die Versuchung besteht, Bücher nach seinen eigenen Vorlieben auszuwählen, muss der Kauf nicht immer dem eigenen Geschmack entsprechen, wie man zu seiner Rechtfertigung an der Kasse versichert. »Das sagen sie alle«, erwidert die Verkäuferin unbeeindruckt und steckt einen Prospekt mit den neuesten Kriminalromanen in die Tüte.

Nach dem sorgfältigen Eintrag von Widmung und Datum wird das Buch auf sein neues Leben vorbereitet. Das Einpacken ist dank der schlichten Ecken und Kanten unkomplizierter als bei jedem anderen Gegenstand. Drei Streifen Tesafilm halten alles zusammen, und zuletzt wird auf dieser kultiviertesten aller Gaben noch ein Anhänger mit dem Namen des Schenkenden angebracht. Dass es unterm Baum oder auf dem Gabentisch unschwer als Buch zu erkennen ist, macht einen Teil seines Reizes aus: Abgesehen von der Frage, um welchen Titel es sich wohl handelt, umgibt das Buch kein Geheimnis, und es verspricht dem vom Geburtstags- oder Weihnachtstrubel geplagten Empfänger Stunden seliger Einsamkeit.

Sollte man zugegen sein, wenn das Geschenk ausgepackt wird, zeigt sich auf dem Gesicht des Beschenkten im schlimmsten Fall Neugier. Enttäuschung oder gar Ablehnung sind hingegen unwahrscheinlich. Üblicherweise liest der Beschenkte Autor und Titel, dreht das Buch um und überfliegt die Empfehlungen auf der Rückseite, um sich dann dem nächsten Geschenk zu widmen.

Die Freude des Schenkenden stellt sich meist erst verzögert ein. Etwa wenn man am späten Nachmittag des Ersten Weihnachtstags den Empfänger dabei beobachtet, wie er in einer stillen Ecke das Buch aufschlägt und zu lesen beginnt. Oder wenn man Wochen nach einer Familienfeier auf dem Handy die Nachricht liest; »Peter ist selig mit deinem Buch über Whisky.« Man empfindet eine beinahe egoistische Genugtuung, der Grund für so viel Freude zu sein, aber auch die Herzenswärme desjenigen, der das Gefühl kennt, genau das richtige Buch geschenkt zu bekommen. Denn nur für Bücher gilt, dass Nehmen seliger als Geben ist.

41

Die beruhigende Wirkung
eines Raums voller Bücher

In einen Raum voller Bücher platzt man nicht einfach hinein. Die Türschwelle einer Bibliothek, einer Pub-Lounge, einer Buchhandlung oder eines privaten Studierzimmers übertritt man mit stummer Ehrfurcht, wie einen Ort des Gebets. Im ersten Moment schlägt das Herz des Buchliebhabers schneller. Er oder sie bleibt stehen und lässt den Blick über die Bücher ringsum schweifen, woraufhin der Puls sich auf den Viertelstundenschlag einer Kirchturmglocke auf dem Dorf verlangsamt. Eine tiefe, unabweisbare Ruhe breitet sich aus.

Die Sinne scheinen geschärft. Es fühlt sich an, als könne man bei jedem Schritt das Rauschen des Teppichs hören oder das zischende Übereinandergleiten der Seiten, bevor sie mit lautem Knall umgeblättert werden, eine heranrauschende Welle, die gegen die Kaimauer schlägt. Der Buchgeruch nach feuchtem Holz dringt einem in die Nase. Er könnte als unangenehm empfunden werden, aber weil er vom Material der Bücher ausgeht und einen Raum wie diesen erfüllt, trägt er zur inneren Ruhe bei. Die Bücherwände wirken wie eine Dämmung und unterstützen das Gefühl, sich an einem sicheren, geschützten Ort zu befinden. Ganz egal, wie viele Partien Cluedo man gespielt oder wie viele Kriminalromane man gelesen hat, in einem Raum voller Bücher scheint einem kein Unheil widerfahren zu können.

Obwohl die Zeit an diesem Ort nichts gilt, verliert man sich umgehend in der Betrachtung der einzelnen Bände. Bejahrte Leinenausgaben verstehen sich am besten darauf, einen das Hier und Jetzt vergessen zu lassen. Ihre rauen, schuppigen Einbände in Grün, Blau oder Bordeauxrot sind der Projektionsschirm für Träume, alle gleichermaßen verlockend, ob es sich um einen vergessenen Dickens-Titel oder um botanische Studien handelt. Finger fahren über Buchrücken, als könne man ihren Zauber einfangen, und einzelne Bände werden in die Hand genommen, eingehend betrachtet und wieder zurückgestellt.

Welch unvergleichliche Seligkeit, einzig von Wörtern umgeben zu sein, die Schriftsteller sich abgerungen haben, abgeschottet hinter einer Mauer aus Büchern, ein jedes mit seinen eigenen Figuren, Hoffnungen und Träumen. Selbst wenn die Welt draußen unterginge, wäre man beschützt in diesem elysischen Bunker.

42

Mit ungelesenen Büchern angeben

Das erste Jahr an der Universität. Ein winziges Zimmer im Studentenwohnheim. Polyestervorhänge, die beim Zuziehen Knistern wie ein Jogginganzug aus Ballonseide, und eine Matratze, die bei jeder Bewegung quietscht. In der einen Ecke ein niedriges Waschbecken, in der anderen ein einsamer offener Kleiderschrank. Die Wände, voller Kratzer und Macken, zur freien Verfügung. Ich tapeziere sie mit Plakaten französischer Filme, die ich nie sehen werde, Bands, für die ich nicht cool genug bin, um sie wirklich zu mögen, und Drucke von Künstlern, die ich nicht verstehe. Das Gleiche gilt für die Hälfte meiner VHS-Cassetten, CDs und Bücher (und zwar genau die Hälfte, die im Regal steht). Die damit verbundene Absicht ist, den Scharen weltgewandter Frauen, die zu Besuch kommen, das Bild eines ebenso weltläufigen, aufregend geheimnisvollen und introvertierten jungen Mannes vorzuspielen. Es kommt keine Einzige. Immerhin bin ich vorbereitet.

Zwei Jahrzehnte später hat sich das Bedürfnis, andere zu beeindrucken, durch ein Hausdarlehn und Babywindeln verflüchtigt. Nur eins ist geblieben: Noch immer schmücke ich mich manchmal mit der Lektüre eines Buchs, das ich nie gelesen habe. Schlimmer noch, ich habe Spaß daran.

Gewöhnlich geht es um einen der großen Klassiker oder einen modernen Bestseller. Mehr als einmal handelte es sich um Pflichtlektüre in der Schule, die zu lesen ich mich weigerte, wie es die moralische Pflicht eines Teenagers ist. Durch die Wissenshäppchen, die ich mir damals aus Interpretationshilfen aneignete, oder auch durch Verfilmungen im Fernsehen oder Rezensionen in der Zeitung kann ich mich an Gesprächen über diese Bücher beteiligen. Oft besitze ich das entsprechende Buch sogar, nur steckt das Lesezeichen immer noch bei Seite 32, aber zumindest habe ich eine ungefähre Vorstellung.

Der Anlass für den Betrug ist nicht allein meine Schuld. Ich laufe nicht in der Gegend herum und prahle in Anlehnung an meine einstige Studentenbude mit Dingen, von denen ich nie etwas gelesen oder gehört habe. Die Täuschung wird mir aufgezwungen. Andere beginnen in höchsten Tönen von einem Buch zu schwärmen und halten mein Lächeln und die knappen Einwürfe für fundiertes Wissen, woraufhin ich es nicht übers Herz bringe, mit der Wahrheit herauszurücken. Außerdem finde ich mittlerweile Gefallen an der Sache und komme mir wie ein Ganove im Nadelstreifenanzug vor, der schlaue Kopf hinter einem gutmütigen Schwindel. Ich nicke gelegentlich, und ja, auch ich mochte diese Stelle. Ich bin ein Experte auf Sparflamme, und ich komme damit durch.

Neben dem Nervenkitzel, bei aller Ehrlichkeit auch gelegentlich zu flunkern, existieren vermutlich noch tiefergehende Gründe. Man erspart sich so ungläubige, schrille Kommentare (»WIE, DU HAST WER DIE NACHTIGALL STÖRT NIE GELESEN?!«) und anschließende Belehrungen. In dunkleren Stunden ist es der Wunsch, nicht als unbelesen zu gelten und sich einen intellektuellen Anstrich zu geben. Meistens jedoch ist es der einfachste Weg, nicht anzuecken.

Schließlich kommt der Tag, an dem man das ungelesene und vielfach als bekannt ausgegebene Buch zur Hand nimmt. Die anderen hatten recht, *Huckleberry Finns Abenteuer* ist ein großartiges Buch. Nur kann man das jetzt nicht mehr sagen.

43

»Bibliotheken« in Hotels, Pensionen und Ferienhäusern

Sie sind überall gleich, ob in Hotellobbys oder im Aufenthaltsraum einer Pension, im Wohnzimmer eines gemieteten Ferienhauses oder der Sitzecke eines Apartments. In der Hierarchie der Ausstattungsgegenstände rangiert diese kleine Sammlung von Büchern noch unter Korkenziehern und Besteckschubladen auf einer Ebene mit leeren Vasen und überflüssigen Stühlen. Es sind Extras, die über das Notwendige hinausgehen, und sie werden im Gegensatz zu Ringbuchordnern mit lokalen Informationen in Plastikfolien und dem abgegriffenen Gästebuch nur selten gelesen.

Dennoch gibt es diese Bücher, deren Umschläge den Gästen im Vorbeigehen winken, als wären sie mit einem Bewegungsmelder ausgestattet. Nirgends gibt es für diese kompakten Bibliotheken eigene Regale. Die bunt zusammengewürfelten

Bände stapeln sich auf DVD-Ständern aus Kiefernholz, ehemaligen Schlafzimmerkommoden ohne Schubladen und abgewetzten Fensterbänken. Man kann nur darüber mutmaßen, wie diese Waisen in ihrem jeweiligen Feriendomizil gelandet sind. Einige stammen vom Besitzer des Ferienhauses oder aus den überzähligen Beständen des Hotelpersonals, oder ein Feriengast hat sie zurückgelassen, um das zulässige Gewicht seines Koffers beim Flug nicht zu überschreiten.

Manchmal findet man eine Notiz mit der Aufforderung »Nehmen Sie mit, was Ihnen gefällt«, der Regel »Eins mitnehmen, eins dalassen« oder der barschen Anweisung »Alle Bücher müssen am Ende Ihres Aufenthalts zurückgestellt werden. Vielen Dank. Die Hotelleitung«. Die Aufstellung der Bücher ist ohne jede Ordnung, und ihre einzige Gemeinsamkeit ist das Etikett »Unerwünscht«. Irgendwie bietet die Auswahl Lesestoff für alle Feriengäste, wie die übliche Zusammensetzung dieser Bibliotheken zeigt: Autobiographien von Stand-up-Comedians, Sportlern und Talk-Show-Moderatoren; Reiseführer und Karten der Region; ein Band *Harry Potter;* eine neuere Ausgabe von *Peter Rabbit* oder eines anderen Kinderbuchklassikers; ein Wörterbuch;

ein oder zwei Rezeptbücher eines Fernsehkochs; ein Reisebuch von Paul Theroux oder Bill Bryson von einem ganz anderen Ort; ein Fotojahrbuch von National Geographic; und eine beliebige Anzahl von Titeln von Maeve Binchy, Frederick Forsyth; John Grisham, Danielle Steel, Harold Robbins, Stieg Larsson und Dean Koontz.

Das merkwürdige und zugleich höchst erfreuliche an diesen Büchern ist, dass sie einem weit attraktiver scheinen als alle sorgfältig ausgewählten Titel, die man in den Koffer gepackt hat. Sie fühlen sich wie ein unerwartetes Geschenk an, so wie der auf der Straße gefundene Fünf-Pfund-Schein einen mehr freut als der Zehn-Pfund-Schein im eigenen Portemonnaie. Die Lektüre eines dieser Bücher ist eine kurze Begegnung. Sie müssen bis zum Ende des Aufenthalts verschlungen sein. Dann endet die Ferienromanze, und man kehrt zurück zu den wohlvertrauten Büchern daheim.

44

Ein Buch
ins Regal zwängen

Man kann nie zu viele Bücher besitzen. Unmöglich. Selbst wenn sich bereits im Bad ein Stapel türmt und einige in Kartons auf den Dachboden oder in die Garage verbannt wurden, es bleibt unmöglich. Man kann seinem Heim vorwerfen, zu klein zu sein, aber niemals den Büchern, sich zu sehr auszubreiten. Außerdem hat nie ein Mensch ein von Büchern dominiertes Haus, eine Wohnung oder ein Apartment betreten und es als steril empfunden. Noch wird diese Art der Wandverkleidung jemals aus der Mode kommen und einfach herausgerissen werden. Spendenbeutel für den Wohltätigkeitsbasar und Entrümpelungsaktionen sind der Feind.

Die Pflege einer lebendigen, wachsenden Bibliothek ist kein geringes Kunststück. Zuerst werden die Bücher nebeneinander mit den Rücken nach außen ins Regal gestellt. Sie sind einfach zu ordnen, und ein bestimmter Titel ist leicht zu finden. Mit wachsender Bücherzahl jedoch wird der Platz im Regal eng. Neuerwerbungen werden zu Flüchtlingen und müssen irgendwo an den Rändern Unterschlupf finden. Sie werden horizontal auf den bereits vorhandenen Bänden abgelegt oder auf dem schmalen Streifen davor, zwischen den Büchern und der Kante der Regalböden, sodass sie zum Teil über den Abgrund hinausragen. Manchmal entsteht so ein neuer Stapel, der zuletzt die dahinter stehenden Bücher verdeckt wie ein neuer Anstrich. Zwischen dem Moment, in dem auch der Platz oben auf dem Regal ausgefüllt ist, und dem der Entscheidung, sich in anderen Teilen des Hauses auszubreiten, gibt es noch eine letzte Zuflucht: das neue Buch irgendwo ins Regal zu zwängen.

Sobald man eine geeignete Stelle gefunden hat – was bei einer alphabetischen Aufstellung ohnehin schwierig genug ist –, erfolgt zunächst eine Festigkeitskontrolle. Dazu legt man eine Hand flach auf fünf oder sechs Bücher und versucht sie hin und her zu schieben. Sollte sich auch nur der kleinste Spielraum ergeben und es sich bei dem fraglichen Buch nicht um *Krieg und Frieden* handeln, kann man sein Vorhaben in die Tat umsetzen.

Mit Zeigefinger und Daumen öffnet man zwischen den Büchern eine Lücke und versucht sie so zu erweitern, dass die Neuerwerbung wie ein Keil dazwischen passt und zumindest einen Fuß in der Tür hat. Nun muss man mit einer Hand die Bücher links oder rechts kräftig zur Seite drücken, während man mit der anderen den Neuzugang zwängt und stößt, bis der Buchrücken halbwegs bündig mit den anderen Titeln abschließt. Ein leichter Zug mit den Fingerspitzen an den oberen Buchkanten bestätigt, dass sich nichts mehr rührt. Die Bücher sind fest im Regal eingekeilt. Eines der Bücher zu lesen, kann man getrost vergessen, bis sich die Buchdeckel unter dem Einfluss der Jahre und des Sonnenlichts voneinander lösen.

Jeder Buchrestaurator oder bibliophile Sammler würde beim Anblick dieser unkonventionellen Methode zusammenzucken. Insofern liegt eine tiefe Befriedigung in diesem bescheidenen Akt der Rebellion, und in der Art, wie er eine Überwindung der Gesetze der Physik ermöglicht. Es ist die Genugtuung, eine Aufgabe beherzt und zufriedenstellend gelöst zu haben. Jeder Knick oder Kratzer, den die Aktion auf dem Bucheinband hinterlassen hat, bindet das Buch und seinen Besitzer nur stärker aneinander. Das Einzwängen ins Regal ist ein Zeichen der Zuneigung, ein Signal der Entschlossenheit, ein Zuhause für dieses Buch zu finden und es in die Schar der anderen aufzunehmen. Das Beste aber ist, dass es einem erlaubt, seine Sammlung zu vergrößern.

45

*Auswahl und Vorfreude
auf die Urlaubslektüre*

Zuerst bringen einen Auto oder Flugzeug an
einen anderen Ort, und dann die Worte. Ein
zweifaches Verreisen. Wenn man die richtige Auswahl getroffen hat, ist das Lektüreerlebnis im Urlaub noch intensiver, die Wirkung eines Buches
noch stärker. Besonders bei heißen Temperaturen
scheinen die Wörter direkt in den Blutkreislauf
überzugehen.

Vielleicht liegt das daran, dass die Zeit für die
Lektüre geschützt ist und mit jedem zurückgeleg-
ten Kilometer die Ansprüche der Außenwelt einer
nach dem anderen verschwinden (zugegebener-
maßen mit Abstrichen, wenn man die Kinder mit
eingepackt hat). Das bedeutet, dass die Urlaubslektüre über anderen Büchern steht und damit
auch ein besonderer Druck auf ihr ruht. Sie muss
die Erwartungen erfüllen. Wie wohlklingend und
himmlisch die Vokabel »Urlaubslektüre« auch

klingen mag, auf ihr lastet eine schwere Bürde. Unter dem Firnis der Zufriedenheit lauert eine Frage von größter Bedeutung. Die eingepackten Bücher stellen ein zweites Reiseziel dar und sind ein nützliches Mittel, Blickkontakt mit anderen Urlaubern zu meiden. Vor wie vielen Clives aus Dunstable und Steves aus Leicester habe ich mich nicht mit flott zu lesenden Romanen und fesselnden Biographien retten können. Bücher sind Schutzschilder.

Folglich ist die Auswahl entscheidend. Üblicherweise denkt man bei der Urlaubslektüre unmittelbar an dicke spannende Taschenbücher mit biegsamem Rücken, den physischen Herausforderungen von Sonnenliege und Strandtuch ebenso gewachsen wie der geistigen Forderung eines trägen Verstands, jeden anstrengenden Gedanken zu meiden. Man darf solche Titel nicht leichtfertig als »Schundromane« abtun; ganz besonders im Urlaub sollte die Lektüre den Bedürfnissen und Vorlieben der Leser entsprechen, deren höchste Zufriedenheit und Ablenkung vom Stress des Alltags sie sind. Dementsprechend gehören auch ziegelsteinschwere Wälzer über amerikanische Präsidenten oder erbitterte Schlachten zur Urlaubslektüre. Einige Leser passen die Lektüre dem Urlaubsziel an, um ihr Erleben des Orts noch zu steigern. Die Lektüre *in situ* knüpft ein noch engeres Band mit der Umgebung, stiftet zusätzlichen Kontext und vermittelt einen reizvollen, leicht snobistischen Anstrich regionalen Wissens. In dem Fall setzt der Leser noch eins drauf – er befindet sich sowohl körperlich als auch geistig an einem anderen Ort und verstärkt so das Gefühl der Ablenkung, die wir im Urlaub suchen.

Die Auswahl der Bücher findet schon Wochen und Monate vor der Reise statt. Titel werden für den Urlaub »reserviert«, so wie in alten Reihenhäusern das Empfangszimmer zur Straße für Besucher, Polizisten und den Sonntagsstaat. Der Stapel der Urlaubslektüre hält sich abseits vom übrigen Lesestoff, der zu Hause bleiben muss. Das vorgenommene Pensum ist in der Regel übertrieben ehrgeizig und vernachlässigt gänzlich andere Ferienaktivitäten wie Gespräche mit dem Partner, Tagesausflüge und die Beschäftigung mit den Kindern. Dennoch lohnt es sich, wenn es ans Packen geht, mindestens ein halbes Dutzend unverzichtbarer Kleidungsstücke zurück in den Schrank zu legen und stattdessen so viele Bücher wie möglich mitzunehmen, nur für alle Fälle.

Die ersten Urlaubsstunden bieten die Gelegenheit, Vorkehrungen zu treffen und geeignete Plätze zum Lesen zu finden, um die Tage mit Geschichten von anderswo auszufüllen. Sonnenliegen und Strandtücher sind Tore in eine andere Welt, oder auch die Fensterbank des Cottage, hat man nur erst eine bequeme Sitzposition gefunden. Erfüllt ein Buch die Erwartung, uns zu fesseln, wird jede Gelegenheit zur Lektüre ergriffen – beim Warten auf den Partner oder auf das Essen im Restaurant, oder die gestohlene halbe Stunde auf dem Balkon eines Apartments in der mitternächtlichen Stille einer fremden Umgebung, bevor man unter die gemeinsame Bettdecke schlüpft. Für die Sinne gehören die Lektürestunden so sehr zum Urlaub wie frisches Brot und kühles Bier, und für die Seele sind sie so unverzichtbar wie der Abstand vom Büroalltag.

Die Tage vergehen. Regelmäßig überschlägt man die noch verbleibende Zeit, um sich zu vergewissern, dass die goldenen Tage noch nicht vorbei sind und Rückflug, Gepäckband, Werbepost und fades Brot noch in weiter Ferne liegen: noch eine ganze Woche, noch vier, dann drei Tage, erst morgen um dieses Zeit wieder zu Hause, noch drei Stunden ... Bücher wandern zurück in den Koffer, auch die ungelesenen, die ganz umsonst mitgereist sind. Fällt aber der Blick auf die Bücher, die man gelesen hat, findet man sich unversehens für einen flüchtigen Moment zurückversetzt nach Griechenland oder in jenes himmlische Ferienhaus. Diese Momente können sich lebendiger und intensiver anfühlen als das Betrachten einer Fotografie, so sehr geht die Urlaubslektüre unter die Haut.

46

Dem Zauber eines Gedichts erliegen

Die rechten Worte zur rechten Zeit am rechten Ort. Vielleicht hat man sie schon tausendmal gelesen oder gehört, oder fühlt sie wie eine frische Frühlingsbrise. Manche Gedichte starren dich unverwandt an und dringen tief in deine Seele.

Die Lektüre eines Gedichts geschieht viel langsamer als die eines Prosatextes, als werde es nicht Wort für Wort, sondern Buchstabe für Buchstabe gelesen. Man muss einen Lieblingsvers nicht zerpflücken, damit er beim Leser Wirkung erzeugt. Ein einziger Vers kann einen mitten ins Herz treffen, einem den Magen umdrehen und den Atem rauben. Das rechte Gedicht ist ein intensives, aufwühlendes Erlebnis, ein Glücksgefühl, bei dem man eine Gänsehaut am ganzen Körper bekommt und elektrische Schauer über den Rücken jagen, besonders dann, wenn man allein ist und es laut vorliest.

Man sollte es bei diesem Erlebnis belassen. Ein Gedicht zu analysieren, es ohne Not zu sezieren, heißt, ein funkelndes Feuerwerk der Ratio und den Regeln der Wissenschaft zu unterwerfen. Sie beansprucht Wahrheiten, wo es keine Wahrheiten gibt. Dichtung lässt sich nicht quantifizieren, weshalb des einen W. H. Auden des anderen John Cooper Clarke ist. Ein Gedicht nimmt seinen Leser mit auf einen Höhenflug der gesteigerten Wahrnehmung und intensiven Empfindungen. Nachdem er die letzte Zeile gelesen hat, entsteht eine glückselige Pause, in der er langsam zurück zur Erde sinkt. Dreißig Sekunden lang ist er wie verwandelt, losgelöst von der Welt seiner Mitmenschen, und dankbar für diese Erfahrung.

Ein Gedicht gehört ganz allein dir, und kein anderer kann es auf die gleiche Weise erfahren wie du.

47

Sich an ein Buch aus der Kindheit erinnern

In einem Möbelkaufhaus hört man eine Mutter warnend zu ihrem Kind sagen, es solle sich nicht an die Schranktür hängen, oder es werde enden wie *Flat Stanley*. Seit zwanzig oder noch mehr Jahren hat man nicht mehr an dieses Buch gedacht. Doch sofort sieht man den Einband vor sich – den aus einem vergilbten Briefumschlag steigenden Titelhelden in Hemd und Krawatte, vor einer Wand, deren Tapetenmuster wie ein Bienenkorb aussieht. Man erinnert sich an die lähmende Angst, die die Geschichte auslöste (was einem kleinen Jungen wie Stanley Lambchop widerfuhr, konnte auch einem selbst widerfahren), und an den stechenden Neid (wie sehr wünschte man sich, wie Stanley Lambchop unter Türen hindurchgleiten oder wie ein Drache fliegen zu können). Man weiß nicht mehr, wann oder wo einem die Geschichte vorgelesen wurde, oder ob man

vielleicht selbst schon lesen konnte, aber ihr Held
und seine Geschichte sind tief in der Erinnerung
verankert, verborgen bis zu diesem Moment, aber
unzweifelhaft vorhanden. Während einem die eigene Umgebung beim Lesen der Geschichte ent-
fallen ist, kann man sich an die Einrichtung und
die Möbel aus dem Buch noch genau erinnern.
Welch wundersamer und denkwürdiger Umstand,
dass schon die kleinste Aktivierung des Gedächt-
nisses eine solche Erinnerungsflut auslösen kann.

Ein einziges Stichwort reicht aus, die in uns
schlafenden Bücher unserer Kindheit zum Leben
zu erwecken, was umso beglückender ist, wenn
es in geselliger Runde geschieht. Im Café fällt der
Name eines Buchs über Ritter und Drachen, und
im nächsten Moment diskutiert der ganze Tisch
über das kirschrote Cover und den gefährlichen
Zackenkamm des Drachens von Lambton. Im
Büro erwähnt jemand *In a Dark, Dark House*,
und schon bleibt alle Arbeit liegen, und man sieht
tanzende Skelette und das Buchcover mit seinem
leuchtendgelben Rahmen vor sich. In jedem Kopf
schlummern Bilder von Helden und Schurken.

Dann kommt der besondere Tag, an dem man ein
Buch aus der Kindheit plötzlich wieder in Händen
hält. Die Umstände mögen traurig, glücklich oder

weder noch sein; die Auflösung des Elternhauses, ein Buch, das der eigene Sohn oder die Tochter sich aussucht, oder der zufällige Fund beim Stöbern in einer Buchhandlung. Wenn man das Buch in die Hand nimmt, scheint eine magische Strahlung von ihm auszugehen, die einen um Jahrzehnte zurückversetzt. Alles kommt einem so vertraut und beruhigend vor – das Gefühl, der Einband, die Zeichnungen, die Gesichter der Dorfbewohner, die kluge Katze, die Gefahren und das Ende.

Im glücklichsten Fall ist es das Buch von damals, als Götter und Monster sich zum ersten Mal in einen geheimen Winkel deines Verstandes schlichen. »Dies Buch gehört ...« heißt es auf der ersten Seite, und die Antwort ist – damals wie heute – »dir«.

48

Sich in einem
Wörterbuch verirren

Ich kenne das Wort ›incredulous‹ (›ungläubig‹), aber gibt es auch das Adjektiv ›credulous‹? Sehen wir im Wörterbuch nach.«

Oh, nein, viel zu weit geblättert: F. »Fungo«. Was für ein schönes Wort. Ein »Fungo« bezeichnet »(im Baseball) einen hoch in die Luft geschlagenen Ball, mit dem die Feldspieler das Fangen üben«.

Im nächsten Moment hat man es schon wieder vergessen, weil man wenige Zeilen darunter das Wort »Funicle« (»Faser«) entdeckt hat. Sieh an, »Furfur«! »Schuppen« oder »scurf«. Aber was in aller Welt bedeutet »scurf«? Nein, jetzt nicht. *Credulous … credulous.* Überspringen wir den Buchstaben E, aha, hier sind wir bei D. *Credulous … cre-*

»Dowf«! »Schwerfällig, dumm, willenlos.« Dowf! Das muss ich unbedingt mal benutzen.

Und »Dottle«! »Ein Tabakrest im Pfeifenkopf.«
Komm schon, du brauchst den Buchstaben C,
nicht D. *Credulous* ...

»Daggle«! Das musst du unbedingt noch wissen. Daggle: »Durch den Schlamm ziehen oder
mit Wasser bespritzen.« Na also, der Buchstabe C,
gleich haben wir es. Cy- ... Cu ... »Cupid« ist der
Name für einen Marmeladenkuchen? »Cummerbund« stammt aus dem Hindi? »Cuddy« kann
eine Kombüse, eine Mietabgabe, einen Esel, einen
Dummkopf oder einen jungen Lachs bezeichnen.
Was für eine wunderbare Welt.

Weiter geht's. *Credulous* ... Gleich haben wir es.
Cry- ... Cru- ... »Crunk« bedeutet »unter Drogeneinfluss stehen«, aber »crunkle« heißt »zerknittern«. Aha.

Gleich ist es so weit. Cri- ... Cre- ... Na also.
»Creep, creel, creek, creed, cree, credulousness,
credulously ...«

CREDULOUS. Credulous: »etwas ohne ausreichende Beweise glauben«. Das Wort existiert also.
Aber Moment, verweist das Wort »credo« nicht
auf ... nun, wie soll ich sagen – »hinreichende«
Beweise? Gleich mal nachsehen ...

Und so geht es immer weiter. Ein Wörterbuch
könnte einen ebenso gut auf eine einsame Insel

wie ins Gefängnis begleiten. Man kann sich end-
los damit beschäftigen und die Zeit herumkriegen,
bis ein Schiff kommt, die Strafe abgesessen ist
oder man vor seinen Schöpfer tritt: Wörter und
Bedeutungen, Auskünfte zur Herkunft und den
Pluralformen.

Nur wenig der aufgenommenen Information
wird behalten, aber gerade das macht einen Teil
des Reizes aus: Diese üppige Zurschaustellung
linguistischer Besserwisserei hat keinen anderen
Zweck, als sich augenblicklich daran zu erfreuen.
Sich mutwillig in einem Wörterbuch zu verlieren
bedeutet, sich den Bausteinen aller seiner Lieblingsbücher zu ergeben.

49

Das Gefühl, ein Buch sei für einen ganz persönlich geschrieben

Jedes gelesene Buch wird zu einem Gefährten. Bei einigen freut man sich auf ein Wiedersehen, um andere macht man einen großen Bogen. Es gibt einseitige Freundschaften, die einem die gesamte Initiative überlassen, und Bücher, die einem unnahbar erscheinen und immer irgendwie fremd bleiben – rätselhafte Geschichten, deren Sinn man nie ganz versteht. Viele werden zu regelmäßigen Besuchern, die sich in den eigenen Räumen aufhalten und abwechselnd unterhaltsam oder lästig sein können. Und manchmal, vielleicht einmal im Jahr oder noch seltener, wird ein Buch zu einem innigen Freund.

Dieses Verhältnis geht weit über bloße Verehrung hinaus. Sie gehört gewiss mit dazu, aber darüber hinaus versenkt sich der Leser ganz in die Geschichte. Diese einzigartigen Bücher bewundert man nicht aus gemessener Distanz: vielmehr verspürt man den Wunsch, in das Buch einzutauchen. Jede Seite lockt mit einem Detail, einer Empfindung oder einer Art, die Welt zu betrachten, lässt einen fühlen, dass *dieses Buch nur für einen selbst geschrieben ist.*

Diese Empfindung kann sich ergeben, wenn einem ein Buch vertraut vorkommt, als sei man dazu vorherbestimmt, es zu lesen. Themen, Bezüge, Orte und Stimmungen müssen sich nicht erst auf den Leser übertragen, weil sie bereits vorhanden sind. Sie sind exakt die Verkörperung dessen, was man gerade empfindet. Die Figuren des Romans sind Menschen, die man aus der Wirklichkeit kennt oder die ihnen dem Charakter nach entsprechen. Jeder Abschnitt wird intensiv nachempfunden, jedes Kapitel endet mit einem wissenden Seufzer.

Manchmal überfällt einen ein Buch aber auch hinterrücks. Die Geschichte dreht sich um ferne Menschen und Zeiten, die man nie kennenlernen wird, aber sie flüstert einem eifrig ins Ohr. Es fühlt sich an, als könne man als einziger diese Stimme hören. Während der Arbeitstag seinen Lauf nimmt, befinden Buch und Leser sich in einer anderen Dimension, auf den Moment wartend, an dem beide ungestört zusammensein können. Es ist, als sei einem das Buch aus einem kosmischen Zauberreich zugeschickt worden, dessen Aufgabe es ist, Buch und Leser zusammenzuführen.

Etwa nach der Hälfte der Lektüre ist man sich vollkommen sicher, dass dieses Buch unmöglich für irgendeinen anderen Menschen geschrieben worden sein kann. Es zieht einen so fest in seinen Bann, dass jeder rationale Gedanke sich verflüchtigt. Es würde einen nicht wundern, wenn das Vorsatzblatt eine persönliche Widmung enthielte. Kein anderer Mensch kann diese Geschichte so gut verstehen und so glühend lieben.

50

Ein Buch zu Ende
lesen, es zur Seite legen und
darüber nachdenken

Die Geschichte neigt sich dem Ende zu. Die letzten Zeilen ziehen vorbei, dann nichts mehr. Man blättert durch die verbleibenden Seiten. Anzeigen für weitere Titel des neu entdeckten Autors spenden leisen Trost, die Lektüre der Danksagung wird auf später verschoben.

Dann blättert man zurück, schiebt an einer zufälligen Stelle einen Finger zwischen die Seiten, schlägt das Buch auf und liest eine Zeile, um sich zu erinnern oder erinnert zu werden. Nach einem letzten Blick auf den Umschlag wird das Buch zugeschlagen und feierlich auf einer freien Fläche in greifbarer Nähe abgelegt. Sollte man im Bett liegen, besteht wenig Chance, bald einzuschlafen. Das Ende einer Lektüre weckt allerlei tiefsinnige Gedanken. Sie regen sich im Kopf des Lesers wie ein anhaltendes, läutendes Echo.

Nach einer Weile weichen die allgemeinen Gedanken einzelnen Beobachtungen. Ist einem die Hauptfigur mit ihren Fehlern und Macken nicht ans Herz gewachsen? Und hatte man bei der erschütternden Szene im Krankenhaus nicht Tränen in den Augen? Die Erzählstimme des Autors, ihr besonderer Klang und Rhythmus, ist immer noch präsent. Vielleicht fragt man sich sogar, wie das Leben der Romanfiguren weiterging.

Die erzählte Geschichte überschneidet sich mit der eigenen. Für die kurze Zeitspanne zwischen zwei Büchern überfällt einen regelmäßig ein Gefühl der Leere und des Verlusts. Und man spürt die lauernde Gefahr, die Realität könne die Oberhand gewinnen.

Aber keine Angst. Immer wartet schon das nächste Buch.

Danksagung

Danken möchte ich Marisa für ihre Liebe, Bestärkung und Nachsicht für die vielen gekauften Bücher; Kaitlyn für ihre Ermunterung, mit verstellten Stimmen vorzulesen; Mark Stanton von Jenny Brown Associates für seine Weisheit und ausdauernde Unterstützung; Charlotte Atyeo bei Bloomsbury für ihren Glauben an meine Worte und ihre vielen Verbesserungen; Holly Jarrald bei Bloomsbury für seine Mithilfe, ein weiteres Buch auf den Weg zu bringen.

Zuletzt eine tiefe Verbeugung vor drei großen Persönlichkeiten aus Yorkshire: Mum, Dad und J. B. Priestley.

Wenn Ihnen dieses KAMPA POCKET
gefallen hat, gefällt Ihnen vielleicht auch der
Lesetipp auf der gegenüberliegenden Seite.

Schicken Sie uns bitte Ihren LIEBLINGSSATZ
aus einem Kampa Pocket, bei einer Veröffentlichung auf unseren Social-Media-Kanälen
bedanken wir uns mit einem Buchgeschenk:
lieblingssatz@kampaverlag.ch